D1694624

LE BRUIT
DU MOULIN

MARCEL BÉALU

LE BRUIT DU MOULIN

JOSÉ CORTI
1986

© Librairie José Corti, 1986

Tous droits de traduction réservés pour tous pays. Tous droits de reproduction, même partielle, sous quelque forme que ce soit, y compris la photographie, photocopie, microfilm, bande magnétique, disque ou autre, réservés pour tous pays. Toute reproduction, même fragmentaire, non expressément autorisée, constitue une contrefaçon passible des sanctions prévues par la loi sur les droits d'auteurs. (11 mars 1957).

N° d'édition : 834
ISBN 2-7143-0157-6

LE BRUIT DU MOULIN

Je t'en supplie, ne reviens plus, ma douce petite fille. Laisse-moi dans ma solitude pourrie, avec le bruit du moulin. J'ai trop menti à cause de tes bras nus autour de mon visage, à cause de ton regard tendu vers moi, à cause de ton amour frais comme le rire de la lune dans les sous-bois de mai. Mon enfant, ma petite maîtresse ! Ne reviens plus m'appeler « ta lumière ». L'enchantement de l'amour est un piège. Comment n'as-tu pas vu mes rides, mes cheveux gris, et cette science du plaisir qui révèle l'usure des sens, et cette habileté du langage qui indique la vétusté du cœur. Le mien ressemble à l'une de ces pommes qui moisit au grenier. Que se racornisse cette chose noirâtre ! Aucun sang neuf ne pourra jamais la ranimer. Il me faut te désenchanter.

Notre chambre pleine d'aubépine, cette chambre où tu vins dormir sous mon regard émerveillé, sera plongée bientôt dans un abîme effroyable. Les mots que j'emploie te paraissent extravagants, mais lequel pourrait décrire tant d'épouvante ? Quand tu auras lu jusqu'au bout cette confession, tu comprendras. A moins qu'avant tu ne rejettes ce papier pour t'enfuir en hurlant...

J'imagine combien, dans la sérénité de ton âme, te semble énigmatique ce préambule. Mais prends patience. Je te dirai tout, et me condamnerai, en te disant tout, à l'horrible châtiment que je mérite et qui ne sera pas celui des hommes. Dérisoire est la justice des hommes à côté de l'autre justice, celle immanente qui guette chacun de nos crimes. Les miens sont nombreux. Mais il faut que ton esprit trop candide apprenne à quel degré d'abjection peut atteindre l'homme que subjugue la peur.

Oui, tu seras la seule à savoir, à cause de tes yeux pleins d'oiseaux, à cause de ta voix si incroyablement jeune et de tes éclats de rire qui m'empêchaient d'entendre le bruit du moulin. *Le bruit du moulin !* Ah, si tu pouvais l'entendre ce soir, ce bruit de poutres s'entrechoquant sans arrêt et le souffle qui halète en dessous, respiration désordonnée, profonde et rauque, comme le bouillonnement de milliers d'infusoires. Je te disais : *C'est la rivière.* Tu te souviens ? Tu te souviens peut-être aussi de ce cri affreux que tu entendis le premier jour, en approchant du moulin.

— Ce n'est rien, c'est le cochon qu'on tue, là-bas, à la ferme... Ce soir, ils danseront tous autour des saucisses fumantes...

Tu te pris à rire, ma folle petite maîtresse. Tu étais rassurée. Pourtant quoi de plus atroce qu'un porc qu'on égorge ?

J'ai connu beaucoup de femmes. Tu seras certainement la dernière puisque, devant la merveilleuse innocence de tes pensées, je renonce à retarder de quelques années ma propre mort. Tu crois que je divague. Hélas, non ! Bientôt tu vas comprendre. La rivière, le bruit du moulin, tout. Et ce qui me fait aujourd'hui te dire : *Ne reviens plus !*

Rappelle-toi la topographie de cette habitation délabrée, au creux de son vallon. « Comme c'est beau ! » me disais-tu, les yeux humides. Toutes disaient cela, les chères petites.

— Que c'est joli ! Que c'est ravissant ! Oh, comme c'est extraordinaire !

Mais toutes, et toi aussi j'en suis sûr, n'étaient pas sans ressentir un peu d'inquiétude devant l'abandon de ce lieu paradisiaque. Rien n'est plus envoûtant que les traces de l'activité de l'homme quand la nature s'en empare, les efface. Cette vieille bâtisse de cinq étages, assiégée par la viorne et les ronces folles, où le lierre et la vigne sauvage recouvrent les portes et les fenêtres, devait paraître bien étrange à celles qui s'en approchaient avec des yeux neufs, étrange et inquiétante.

Mais n'étaient-elles pas déjà aveuglées par l'enchantement de l'amour, les jeunes femmes qui acceptaient de venir jusqu'à ce lieu retiré et de grimper, par le léger escalier extérieur, dans mon aérienne retraite ? Plusieurs vécurent là des mois, des années même, sans rien soupçonner. Comment auraient-elles soupçonné quelque chose ? Dans le vieux moulin à cheval sur la rivière, la chambre n'était pleine que de fleurs, de soleil, de caresses et de baisers. Quelquefois, l'une me disait :

— C'est curieux, ta maison semble immense, et tu n'occupes qu'un espace restreint... Pourquoi ne fais-tu pas aménager toutes ces pièces ?

J'inventais une histoire : les étages sous le mien servaient d'entrepôt à une industrie du voisinage. Elles me croyaient. Jusqu'à certain matin fatal, car je choisissais toujours l'heure où la nature se réveille dans sa naïveté native.

•

Mais je vais trop vite. Tu me disais encore, penchée sur la rivière dont le fond laissait apercevoir les herbes ondulant entre les pierres :

— Regarde comme l'eau est transparente, on pourrait compter tous les poissons qui l'habitent...

Transparente, oui, mais à quel prix ! Quant aux poissons, erreur ! Il n'y en avait plus un seul, depuis longtemps, dans la rivière en aval du moulin. Rien n'est plus poétique que l'eau qui coule. Limpide, elle glisse et ses herbes, au fond, frétillent comme des ables. Elle est pareille à tes yeux où s'agitent toujours les lianes de ta tendresse, doux amour ! Mais l'eau qui stagne, si tu avais pu la regarder en amont, tu aurais vu combien elle était trouble, épaisse et fétide, chargée de ce qu'on n'ose pas regarder de près, débris couverts de limon, charognes bleuissantes... Pourtant, aussitôt passée sous mon moulin, plus rien, tout était nettoyé comme par un filtre. Plus rien que ce miroir transparent sur lequel elles se penchaient comme toi, les jolies.

Écoute-moi ! Ce moulin a certainement depuis plusieurs siècles perdu sa destination primitive. Tu sauras tout-à-l'heure qu'elle espèce de grains je lui donne à broyer... Je tremble en t'écrivant, je tergiverse, j'hésite à ouvrir tes yeux à tant d'horreurs. Je ne peux cependant pas plus renoncer maintenant à te les révéler que je ne peux fuir ces lieux, où me retiennent trop de fantômes. La dernière fois que je te regardai dormir, j'ai juré, devant la pureté de ton visage, de tout te dire. Quand j'aurai fini, le bruit du moulin pourra à jamais recouvrir ma voix, éteindre ma parole, m'engloutir dans son souffle puissant.

J'héritai de cette demeure à la mort de mon père. Mon père était biologiste. Il avait installé dans ce vieux moulin son « laboratoire ». Comment dire ces choses sans dérision ? Son laboratoire ! En réalité : sa fabrique de monstres. Mon père était un grand savant. Il étudiait la coordination dynamique dans le chaos moléculaire, la croissance du tissu vivant, la multiplication du protoplasma. Si tu préfères, car je ne suis pas compétent en ces matières et ne saurais te les expliquer : il prétendait découvrir les origines de la vie. Quand je fus en possession de cette maison, je liquidai l'alambic (mon père était aussi un peu alchimiste !), les éprouvettes, les instruments de précision. Moi j'étais plutôt un artiste. J'avais passé ma jeunesse à d'autres recherches. A vrai dire, j'étais le contraire de mon père. Toute cette chimie organique où se fabrique la vie me dégoûtait un peu. Je n'aimais que l'esprit. Le monde extérieur n'était pour moi qu'un décor pour y mettre en scène les créatures de mes rêves. Je fis place nette. J'installai au rez-de-chaussée mon atelier, au premier, cuisine et salle-à-manger, au second chambres à coucher (j'avais l'intention alors d'amener ici des amis, de joyeux lurons). Les étages au-dessus je les réservais aux jeux, cinéma privé, petit théâtre intime, ping-pong, billard, roulette, etc. Quel programme !

Je n'avais oublié qu'une chose : la cave où était la roue du moulin. On met du vin et du charbon dans une cave Comment aurais-je pu penser que mon père y avait installé, à demeure, véritable cuve à fermentation, le résultat de ses recherches. Ici j'arrive à l'essentiel.

●

Je n'avais oublié qu'une chose, te disais-je ? Oui, qu'une chose : LA CHOSE. Cela qui grandit sans arrêt, cela que chaque jour augmente et ne peut détruire. Masse gélatineuse, armée de minces et longs filaments mobiles, souple squelette, tentacules proliférant sans cesse, mais pas de cerveau, pas de cerveau. Une bouche seulement, ou plutôt l'agglutinement de milliers de bouches se renouvelant sans répit, avec de lentes digestions suivies toujours d'accroissements imprévisibles...

Je ne divague pas. Comment te nommerais-je cette chose sans nom, faites de milliards de molécules actives, cette espèce d'informe cœur immonde, grouillant de vie goulue, qui remplit maintenant toute la maison ? Ce n'était pas une bête. Je sais seulement que cela avait toujours faim, une terrible faim.

Cette chose enfermée dans la cave, lorsque je m'aperçus de sa présence, déjà rien ne pouvait plus la détruire; Je compris qu'elle faisait partie de l'héritage de mon père. N'était-elle pas, en quelque sorte, son autre enfant ? Je compris qu'il me fallait l'accepter, composer avec elle, c'est-à-dire : la nourrir. Si je ne voulais pas être dévoré par elle.

Tu devines la suite, tu crois deviner. Mais tu ne peux pas savoir de quelles terreurs secrètes ma vie devint désormais l'enjeu. Tout ce que charroie la rivière en amont servit d'abord à la subsistance de cette masse gluante, pullulente, qui s'agrippait aux poutres, aux charpentes, aux pierres même, pour les ronger lentement. Ceci t'explique la transparence de l'eau en aval. Je commençai par jeter dans cette eau tout ce que je trouvais alentour. Mais si, au début, cette nourriture put suffire, bientôt il fallut davantage.

Avec quelle angoisse, en ce temps déjà lointain, j'écoutais battre de plus en plus fort ce que j'avais cru être, moi aussi, *le bruit du moulin*. Et bientôt ce bruit augmenta, devint un jour, brusquement, insupportable, manifestant son exigence par un tapage infernal. *La chose avait faim.* Faire le vide était son seul besoin, faire le vide de tout pour démesurément se remplir, envahir tout. L'énorme poulpe gélatineux heurtait à présent à ma porte.

A sa voracité j'abandonnai d'abord l'atelier, puis successivement chaque étage, après en avoir muré les fenêtres. Ceci me laissa de longues années de vague tranquillité. Finalement, je m'installai dans cette pièce que tu connais, cette chambre sous les combles, où l'on accède par une espèce de passerelle extérieure longeant le toit. Sans doute j'aurais dû, à ce moment-là, révéler au monde ce secret, livrer aux hommes de science cette maison *hantée*. Fuir, j'aurais dû fuir. Mais c'est ici que le démon me souffla.

●

Je t'ai dit combien j'ai toujours aimé les femmes. En ce temps-là, je ne pouvais me passer de Sylvie, ni elle de moi. Mais je l'aimais tandis qu'elle me haïssait, ce qui la rendait odieuse. Rien ne pouvait la satisfaire. Quel amour résisterait à ce qui, sans relâche, le détruit ? Elle finit par me jouer un de ces tours qu'aucun homme ne pardonne et je jurai de me venger. Sylvie, la première, servit de pâture au monstre insatiable.

Après ce morceau de choix, j'eus de nouveau quelques années de repos au cours desquelles l'idée démoniaque grandit en moi. On se lasse très vite d'une femme. Et le problème se pose alors : comment s'en débarrasser ? Par un enchaînement de circonstances, ce moyen m'était donné, comment dirais-je ? j'étais contraint, forcé, d'utiliser ce moyen. Dix fois, vingt fois, ce fut le retour de la même scène, au scénario très vite parfaitement réglé.

Comme je te l'ai dit, je choisissais toujours l'aube, quand le petit jour pointe aux fenêtres et que les oiseaux commencent à chanter. Il y eut Jeanne, Léa, Claire, Simonne... Il y eut Solange, Lucette... oh, je ne sais plus. Je faisais l'impossible pour éviter d'être cruel. Aucune jamais ne se douta de rien, *avant*. Lorsque la belle se réveillait, désenlaçant ses membres des miens, entièrement nue comme elles le sont toujours quand une nuit d'amour les a épuisées, je lui chuchotais dans l'oreille :

— J'ai fait aménager la chambre voisine, ainsi vous pourrez avoir une pièce à vous pour y rêver à votre aise. Allez voir si cela vous plaît.

Toujours, elle se précipitait, avec les mêmes minauderies complices : « Oh, comme tu es gentil... ». J'entrevoyais (une dernière fois !) un corps plus attendrissant que radieux dans le matin blafard. Puis elle ouvrait la porte, que j'avais déverrouillée pendant son sommeil, et elle disparaissait A JAMAIS.

Alors je me levais, les yeux pleins de larmes, et vite j'allais refermer la porte d'où montait, comme saisi soudain d'une activité délirante, le bruit du moulin. Mon Dieu ! serais-je condamné à mourir mille fois pour oublier ce bruit ? Après, j'étais tranquille. Un an, deux ans peut-être, quelquefois davantage. Délivré de la peur, je pouvais recommencer à vivre, à aimer, à rechercher de nouvelles proies...

●

A présent, tu sais tout. Qu'ajouterais-je encore ? Il gueule, ces jours-ci, sans arrêt, mon épouvantable grand frère, mon rival insolite. J'essaie de me boucher les oreilles, mais rien ne peut plus m'empêcher de l'entendre. C'est toi qu'il appelle. Les quelques fois que tu vins dormir avec moi, ses mille papilles durent humer à travers les murs les suaves relents de ta jeune chair.

Oh ! je t'en supplie, ma douce petite fille, ne reviens plus ! Derrière la porte qui me protège encore, c'est comme le souffle de la mer en furie, un chuintement énorme secoue le chambranle et fait se gonfler les planches.

C'est mon tour.

Mon enfant, ma petite maîtresse, ne reviens plus ! Laisse-moi dans ma solitude pourrie, avec ces ténèbres turbulentes et inexorables que je nourris depuis tant d'années. Et si tu penses qu'il y a en moi un scélérat sans pitié, dis-toi bien qu'il est moins cruel que celui qui me guettait, au fond de tes prunelles pleines d'herbes et d'oiseaux.

L'ENFANT ET LE LIVRE

Dans la maison pauvre il y avait un vieux livre. Tout le reste était souci de chaque jour et solitude interminable des nuits. Aux yeux de l'enfant le livre semblait de cuivre doux strié de filets d'or. Il reposait au fond du placard, à côté d'un antique soufflet, d'une lampe pigeon et de quelques objets pareillement hors d'usage, près d'un amas de journaux jaunis et de quittances étoilées d'épingles rouillées.

— N'y touchez pas, avait dit un jour le père. C'est un livre de bibliothèque.

Qu'est-ce que c'était, une « bibliothèque » ? Dans la maison il n'y avait qu'un placard, trois chaises, une table et un buffet Henri II.

— C'est un livre qui vaut cher... renchérit la mère.

Oubliant qu'on économisait sur la viande et le beurre, l'enfant imagina qu'un trésor résidait dans la maison : le livre de cuivre éteint aux épaisses tranches rouges. Ne se donnait-il pas des airs de riches à cause de cela plutôt que de courir, débraillé, le long des quais, comme la plupart des gamins du faubourg.

Quand l'enfant eut appris à lire quelques mots à l'école, ses parents absents, il ne put résister à l'envie d'attraper le précieux livre, en haut du placard. Il sut ainsi qu'il n'était pas bordé de cuivre, mais de cuir fendillé aux jointures et tacheté de noir sur les plats. Il regarda longuement les arabesques d'or et le titre, touchant d'un doigt ému le dos craquelé, comme un vieil homme touche la paume striée de sa jeune maîtresse.

Dictionnaire d'ânes doctes... épela-t-il.

Les lettres dorées, sur l'étiquette rouge, n'étaient pas très bien alignées. Qui pouvaient être ces ânes doctes ?

Un autre jour, poussant l'audace jusqu'à ouvrir le livre, il lut sur la première page, sans se douter du tout de l'excellent calembour :

Dictionnaire d'anecdotes.

Dictionnaires d'anecdotes, de traits singuliers et caractéristiques, etc. Immédiatement après ce rappel du titre venait le mot : *Acteur.* L'enfant lut, sans comprendre : *la figure, dans un acteur, fait la moitié de son jeu...* Il feuilleta quelques pages et parvint à déchiffrer, au chapitre *Amour :*

« On difait à Zénon que l'amour était indigne d'un philofophe. Si cela était vrai, répondit Zénon, le fort des belles ferait bien à plaindre, elles ne feraient aimées que des fots... »

Le fort, les fots ? C'est un livre pour grandes personnes, se dit-il en rougissant. Mais à relire cette phrase il se rendit compte qu'il suffisait de remplacer les *f* par des *s* et un *o* par un *a* pour rendre intelligible les mots dont l'orthographe ancienne lui avait fait perdre le sens.

A ce moment il entendit revenir ses parents et replaça vivement le livre. Chaque fois qu'il se retrouverait seul, il grimperait rechercher ce compagnon secret.

Apophtegmes, lut-il un autre jour, traduisant maintenant le vieux langage dans celui qu'il apprenait à l'école. Qu'est-ce que ça voulait dire, apophtegmes ? Sans doute un terme de médecine.

« Les trois choses les plus difficiles sont de taire un secret, d'oublier une injure et de bien user de son loisir ».

C'était un livre plein de sagesse ancienne, que personne ne lisait plus. L'enfant en épelait les mots sans toujours les comprendre, comme des formules secrètes.

« La prudence est à désirer quand on est jeune et la gaîté est le baume de la vieillesse. C'est ce que le philosophe voulait exprimer en disant : qu'il fallait être jeune en sa vieillesse et vieux en sa jeunesse ».

« La moitié vaut mieux que le tout. C'est une sorte d'énigme que Pittacus a laissé deviner ; mais que l'on peut expliquer, si l'on veut, en disant que celui qui possède le tout n'a plus aucun souhait à formuler. Or, le désir étant la mesure du plaisir, un homme sans désir est un être nécessairement malheureux ».

La curiosité de l'enfant était satisfaite. Ces « apophtegmes », recettes pour guérir les malades, ne le concernaient pas. Lui se portait bien. Il replaça un jour le livre pour ne plus le reprendre. Mais la présence de cet objet insolite, dans la maison, suffisait à lui donner, devant ses petits camarades, une assurance allant jusqu'à l'impertinence. *Mes parents font semblant d'être pauvres,* pensait-il, *s'ils l'étaient vraiment ils n'auraient qu'à vendre le livre.*

●

La vraie pauvreté qui est l'indigence de l'esprit, vient toujours sans prévenir. Quand l'enfant sut mieux lire, plutôt que de retourner chercher le vieux livre pour continuer à en déchiffrer les formules absconses, il se plongea dans les *Aventures des Pieds Nickelés, Tarzan* et autres *Tintin*. Entre temps son père était mort, ses frères et sœurs s'étaient dispersés. Il ne restait dans la maison pour partager les soucis de chaque jour et la solitude interminable des nuits, que la mère et le livre.

C'est vers cette époque que l'enfant rêva de posséder une bicyclette. L'élégant squelette d'acier émaillé de bleu roi, les nickels étincelants, attiraient chaque jour ses regards à une devanture voisine. Mais comment, avec cinq sous par semaine, s'offrir un tel cadeau !

Il se souvint alors du livre qui reposait, sous une couche de poussière, en haut du placard. Certainement sa mère l'avait oublié. *A moins qu'elle ne se réserve de le vendre plus tard pour assurer ses vieux jours... Bah ! Je le lui rembourserai dès que je gagnerai de l'argent.* Ses scrupules envolés, l'enfant s'empara de l'objet précieux dont les coins de carton commençaient à transparaître sous le cuir. Mais le dos, bien qu'un peu terni, gardait toujours ses ornements d'or fin. Il l'essuya et le frotta vigoureusement avec un chiffon de laine, puis l'enveloppa précautionnement dans un vieux journal pour courir le porter au lointain quartier des trafiquants de livres.

Le bouquiniste se retint de rire. *Il a dû trouver ce livre dans une poubelle.*

— Ça ne vaut pas quatre sous, ce que tu m'apportes... allait-il prononcer. Mais ayant vu quelque chose d'intolérable apparaître dans les yeux de l'adolescent, il ajouta :

— Écoute, je peux t'en donner vingt francs. Mais tu ferais mieux de le garder... D'ailleurs tu n'es pas majeur et il me faut l'autorisation de tes parents.

L'enfant n'écoutait plus. Un univers venait de se briser dont il écoutait au fond de lui s'entrechoquer les éclats. Tout n'était que poussière et misère. Il jeta le livre dans une bouche d'égout et ne rentra pas, ce soir-là, à la maison.

Sa chemise ouverte largement, les poings au fond de ses poches, il sentait pour la première fois le vent du soir frôler sa peau. A défaut de bicyclette neuve il saurait où trouver, gratis, une vieille chaîne pour s'en faire une arme et, à défaut d'honnête homme, il deviendrait un petit voyou, comme les autres de son quartier.

LE CHANT
DES PALOMBES

A douze ans, pour peu qu'il ait l'esprit vif et le cœur déluré, un gamin ne manque pas d'idées générales sur le monde. Il n'en connaît pourtant que les jeux d'ombre et de lumière autour du clocher de son village. Mon village, c'était les vieilles rues d'O. et mon clocher les tours de sa cathédrale. Sur ce quartier et sur ce temps-là régnait encore le calme des anciennes provinces. La Loire coulait tout près.

L'une des petites tours latérales surtout m'attirait, sans doute parce que je pouvais l'observer de ma fenêtre encastrée sous les toits. Son sommet ne dépassait pas les structures de la nef. L'entrée discrète, qui donnait à même la rue, était souvent cachée par les gros blocs de tuffeau servant à la réfection de la façade. Dans les fins d'après-midi frémissant du vol des hirondelles, je voyais parfois, de la mansarde où je guettais, deux amoureux se glisser par cette porte dérobée au regard des passants. Pour moi il ne s'agissait que d'un garçon et d'une fille. Je dévorais surtout des yeux cette dernière.

Mais là n'était pas le mystère. Un peu plus tard il m'arrivait d'entendre, venu des ouvertures pratiquées dans la tour, un bruit étrange qui m'angoissait et m'attirait. J'avais beau essayer de me remettre à mes devoirs, les sons extraordinaires toujours finissaient par m'en distraire. Ils me parvenaient, à travers la largeur de la rue, tantôt comme un gémissement tranquille, tantôt comme un cri retenu qui enflait au-dessus du silence de la ville, jusqu'à me remplir de terreur.

Un jour, alors que s'élevait à nouveau, tenace et profonde, cette plainte aux modulations imprévisibles, je ne pus me retenir de demander à la femme de ménage qui venait retaper mon lit une fois par semaine : « Écoute, Mélanie ! Tu entends ? »

La femme se pencha une seconde, puis sitôt revenue à sa besogne me lança en éclatant de rire, avec le fort accent de son Béziers natal : « Té ! C'est le chant des palombes ! »

Les découvertes de l'enfance n'ont guère plus de réalité que les noms d'îles lointaines sur une carte. Mais viendra le temps de poser le pied sur ces terres de délice et d'épouvante.

Des années plus tard j'eus l'explication du phénomène que, dans mon esprit, je désignais de cette appellation « le chant des palombes » et dont je gardais comme une lancinante nostalgie.

La chance (toute réponse aux questions des premières années de la vie est une chance) en revient sans doute à un prénom : Paloma. N'évoque-t-il pas déjà les gracieux oiseaux roucouleurs ? C'était celui de la petite folle dont j'étais amoureux. Un léger strabisme donnait à son regard d'ébène une bizarrerie qui en augmentait la douceur et il y avait dans la rondeur de son cou, de ses épaules, de ses seins, de tout son corps lisse et très blanc, quelque chose de la colombe.

Nous étions en février ou mars, je ne m'en souviens plus. Au cours d'une randonnée en province, je me dis, avant d'aborder l'autoroute, qu'à cette allure nous ne pourrions éviter les encombrements des fins d'après-midi. Aussi proposais-je de nous arrêter quelques instants dans la forêt.

Un vent léger faisait grincer les arbres morts debout. Le soleil brillait dans le ciel bleu et les feuilles frileuses, au bout de chaque branche, commençaient à sortir leurs petites mains vertes.

Je n'avais en tête qu'une innocente promenade apéritive et il fallait toute la furie de ma jolie complice pour qu'elle envisageât autre chose. Entre deux blocs de rochers qui évoquèrent sans doute à mon subconscient l'entrée étroite de la cathédrale d'antan, elle m'entraînait par la main sur un sentier grimpant hardiment vers des hauteurs où nous arrivâmes essoufflés. Je reprenais à peine ma respiration que la vive enfant, après s'être faufilée devant moi sous les buis épais et les houx séculaires, profitait de cette cachette précaire pour se dépouiller de son pull, arracher son soutien-gorge, ouvrir sa jupe à fermeture Éclair et, en deux mouvements de ses belles cuisses rondes, envoyer en l'air son slip qui se nicha, comme un oiseau blessé, sur un genêt tremblant. Ensuite elle s'allongeait sur le sable poudreux aussi blanc que le tuffeau de jadis et qu'avait tiédi le premier soleil.

Fut-ce l'imprévu de ce strip-tease ou le froid encore vif ? Toujours est-il que je me trouvai complètement « pris de court ».

Pour ne pas décevoir le bel abandon de ce corps, j'en avais saisi la taille et mes lèvres couraient des seins aux flancs qui se tordaient dans cet étau comme une larve impatiente d'échapper à sa chrysalide. A la suite d'un sursaut plus violent, ma bouche se trouva exactement en jonction avec le fruit velu de son ventre, si bien que, mon désir frustré découvrant là sa revanche, je m'efforçai de maîtriser cette source tiède et bondissante.

Son torse était maintenant entre mes bras comme une énorme fleur grasse lentement animée qui aurait pris racine à cet ajustement de mes lèvres à ses lèvres secrètes. Et tout à coup, me remplissant d'un trouble extraordinaire, surgirent des deux mamelons de la gorge qui me cachaient son visage renversé une suite de sons familiers à mon souvenir, plus rauques de se livrer ainsi, totalement libérés des murs et de la distance qui autrefois les séparaient de moi.

Le chant des palombes ! Je savais d'où il venait et qu'il me serait désormais possible à volonté de l'entendre. Ne venais-je pas d'en dompter le mystère ? Pendant que Paloma entremêlait de rires un peu las le repêchage de ses vêtements, c'est rempli d'une allégresse profonde qu'étendu sur le dos je regardais passer devant le visage immobile du temps la course des nuages, tandis que sombrait à jamais dans ma mémoire l'ennui sans fin de l'enfance et le vertige de n'être pas aimé.

DANGECOUR

En un temps où j'avais coutume d'envoyer poèmes et courts écrits à de petites revues d'initiation philosophique, se disant au surplus « universalistes » et n'en prétendant pas moins à être « littéraires », je reçus à la suite d'une de ces publications une lettre qui commençait ainsi : *Cher Camarade, tout d'abord que je me présente : Dangecour de Champlerives...* La particule indiquait seulement que ce Dangecour habitait à Champlerives. Ce début précédait une profession de foi rédigée en termes généreux. Puis mon correspondant arrivait au motif principal de sa lettre : *J'ai créé sur un des vos poèmes un air musical que je crois digne du lyrisme de vos vers. Je vous le chanterai à notre première rencontre souhaitée...* L'écriture était capricieuse et désordonnée, les majuscules d'une ampleur exagérée et la terminaison des mots souvent s'évanouissait, incertaine.

Je ne donnai aucune suite à cette invitation. Mais le camarade Dangecour, malgré mon indifférence, ne l'oubliait pas. Plus d'un an après, au début de février, je reçus une seconde lettre où il s'excusait, je ne sais pourquoi, de son long silence, et me faisait part de l'acharnement que le sort mettait à le frapper. Sans plus de précisions il ajoutait (je transcris littéralement) : *Si la vie pratique me cause des soucis angoissants, d'autre part ma soif d'idéal en est accrue... Je suis heureux de vous annoncer que je puis vous chanter quelques-uns de vos poèmes. Ce n'est pas un choix, ce furent ces poè-*

mes qui m'inspirèrent, spontanément un chant... Il souhaitait à nouveau notre rencontre et m'indiquait les moyens de parvenir à Champlerives, hameau situé à une quarantaine de kilomètres de la petite ville où j'habitais alors.

Cette fidélité dans le souvenir ne pouvait venir que d'un de ces êtres angéliques et solitaires sur lesquels le rouleau de l'existence a passé en pressurant tout le mal pour ne laisser qu'innocence de cœur et naïveté de l'esprit. Je me repentis de n'avoir pas répondu à sa première lettre et la tentation me vint d'aller passer un dimanche dans ce pays perdu, auprès de cet ami inconnu. Je n'écrivis pourtant qu'une lettre promettant une incertaine visite, mais l'assurant de ma fraternité.

J'aurais probablement une seconde fois oublié Dangecour si, à quelques mois de là, Mauvot, mon ami le maître d'école, à qui je parlais de ce curieux correspondant, ne m'avait dit avoir connu autrefois un Dangecour et que ce pouvait bien être le même. Mais il ignorait ses dons musicaux et me le représenta comme un homme peu intelligent, mais audacieux et ne craignant pas les entreprises financières les plus hasardeuses. Le portrait différait tellement de celui que je m'étais fait qu'il aiguillonna ma curiosité. Justement, après un septembre brumeux et froid, les premiers jours d'octobre semblaient manifester les remords de l'été trop tôt enfui.

— Profitons-en, dis-je un samedi à Mauvot qui s'était proposé de m'y conduire, demain nous irons à Champlerives.

●

A travers la transparence cuivrée des arbres, le soleil, surprenant comme un intrus, nous aveuglait à chaque virage. Mauvot laissa l'auto devant la boutique des R..., une vague parenté le liant à ces fabricants de meubles. Au nom de Dangecour, le visage de R... s'assombrit.

— Si je le connais !... Voilà près de dix ans qu'il est dans le pays. Il devait être très riche alors, mais depuis...

La conversation de R... ressemblait à un problème de mots croisés, pleine de cases blanches à remplir. Heureusement sa femme vint à la rescousse nous éclairer sur le sort de Dangecour. Si les gens aisés ne doivent qu'à eux-mêmes leur aisance, les pauvres sont seuls comptables de leur pauvreté.

— Ils en sont à attendre cinquante francs pour vivre, et leur domaine est hypothéqué... Pensez que ni l'homme ni la femme ne travaillent !... Votre visite lui fera plaisir, c'est sûr ! Pour aller à Champlerives prenez la route à gauche, traversez la ligne de chemin de fer et montez tout droit...

Je respirais à pleins poumons en marchant allégrement sur la route. Nous rencontrâmes une famille endimanchée qui se retourna pour nous regarder. Les vingt maisons de Champlerives se profilaient sur un renflement de la plaine. Un chemin bordé de pommiers nous y conduisit. Nous traversâmes une cour de ferme qu'animaient poules et dindons, puis une place déserte pleine d'ombre où nous eûmes envie de nous arrêter. Au centre, une vigne folle enlaçait un vieux puits à margelle. Mais le chemin montant encore s'enfonçait sous trois gros marronniers, longeait plusieurs fermes pareilles à des forteresses, et débouchait, au sommet, devant une étendue de champs cultivés. Une maison, la seule du hameau comportant un étage, se dressait face à l'horizon, tournant orgueilleusement le dos aux autres habitations accroupies au ras des terres.

Les deux battants de la grille d'entrée étaient ouverts. Un homme de trente-cinq à quarante ans, qui devait avoir guetté notre arrivée du perron, surgit, grand, avec des yeux bleu ciel sur un teint cireux. Je lui tendis la main. La sienne tremblait et j'étais un peu gêné par son émotion trop visible. Je m'écartai pour laisser mon ami prononcer les formules d'usage.

Dès franchi le seuil du jardin j'éprouvai cette douce excitation qu'on ressent devant la matérialisation d'un rêve cher. J'étais séduit, attiré. Nulle trace de ce qui caractérise habituellement les jardins des « villas », ni fausses rocailles, ni gravier dans les allées, ni bordures de ciment autour des massifs, rien de cette ordonnance conventionnelle qui flatte le goût du boutiquier retiré des affaires. C'était le dérèglement de la nature et en même temps l'ordre discret des songes. Une herbe épaisse recouvrait l'allée centrale sans effacer cependant deux anciens sillons, sinueuses vagues vertes laissant présumer le passage, à l'heure du brouillard, de quelque attelage d'un autre âge vers la pièce d'eau qui luisait, là-bas, noire entre les arbres. Nous avançâmes sur ce tapis et devant nos pas venaient se poser les premières feuilles détachées de leurs branches.

Dangecour marchait à mon côté. Il me disait avoir planté ces peupliers lorsque, à la mort de son père, il avait hérité de ce modeste domaine. Une enfance et une jeunesse hasardeuse l'avaient à jamais dégoûté des destinées en série. Son ambition était de passer sa vie là, dans la plus grande simplicité.

— C'est un rêve irréalisable, reprit-il. D'ailleurs cette oisiveté est peut-être dangereuse... Peu à peu j'ai perdu de vue ce qui intéresse la plupart de mes contemporains...

Et comme je le regardais, de plus en plus surpris par l'agitation intérieure que trahissait chacun de ses gestes, il ajouta ce paradoxe étrange :

— Il faut renoncer à tout pour vivre.

Nous traversions, sur une passerelle aux planches couvertes de mousse, une sorte de canal qu'une source devait alimenter. Cette pièce d'eau à la surface couverte d'insectes s'enfonçait sous les futaies. Le tronc d'un hêtre enfermait dans sa chair épaisse les montants rouillés d'une tonnelle dont le squelette avait pris la couleur des branches. Puis une allée longeant un petit bois s'ouvrit à nos pas, tunnel de verdure au bout duquel luisait la prairie. Nous nous glissâmes l'un derrière l'autre entre les troncs minces, à la suite de Dangecour, nous protégeant le visage contre cent fils argentés. Sous la voûte répandant une lueur sous-marine apparut une rotonde qu'ornait, en son centre, une grosse ardoise ronde posée sur une vieille pierre. Comme dans les jardins des vieux cloîtres, cet abandon avait quelque chose de solennel qui incitait au recueillement. Mauvot regardait mon interlocuteur avec la curiosité un peu dédaigneuse de l'instituteur pour l'ancien élève dont la carrière a trahi les promesses de l'enfance.

— Je vous envie d'habiter au milieu d'un tel enchantement ! dit-il par politesse plus que par conviction.

— Oui, reprit Dangecour avec emphase, je ne sais plus très bien ce qui est vrai ou ce qui est faux, ce qui est mal ou ce qui est bien, mais je sais ce qui est beau !

Son regard pourtant ne se posait plus sur le décor sauvage, qu'il avait voulu tel, comme si son âme en était saturée et que son corps seulement y restât prisonnier. Il paraissait pressé de nous découvrir autre chose.

Nous arrivâmes, à la sortie du bois, devant un bungalow aux formes bizarres. Dangecour nous dit l'avoir construit entièrement de ses mains. La façade était ornée d'inscriptions et de motifs décoratifs peints. Je reconnaissais sur un panneau les insignes maçonniques, sur un autre une lyre, puis de vagues lys stylisés, entrelaçant des formes humaines inachevées, le tout d'une grande naïveté de facture et d'inspiration. Trois marches à rampe ajourée nous conduisirent dans l'unique pièce, que divisait une paroi à glissière. Une table, deux chaises, une couchette rudimentaire, composaient l'ameublement. Il y avait dans un coin quelques livres, des piles de journaux, de vieilles revues et un dictionnaire en fascicules.

●

— C'est ici que je chante et que je rêve... nous dit Dangecour.

Il passait les nuits d'été dans cette retraite.

— Un soir de la semaine dernière, j'ai trouvé déménagées la lampe et les couvertures. « On » avait peur que j'attrape du mal en traversant à l'aube l'herbe mouillée... Il m'a fallu réintégrer la maison.

Nous parcourions maintenant des carrés de terre que le chiendent avait envahis. Le séneçon et la centaurée poussaient au milieu de plants de tomates rachitiques dont les protubérances ressemblaient à de monstrueuses verrues. Les fraisiers redevenus sauvages effaçaient la trace des allées. Un arbre abattu gisait sur le sol et ses branches avaient pris racine.

— J'ai voulu cultiver toute cette partie, mais c'est peine perdue.

Il semblait vouloir dire : N'est-ce pas mieux ainsi ?

Après cette courte promenade, je ne connaissais guère mieux notre hôte. Il inclinait son grand corps pour écouter, avait des gestes brusques, agitant par saccades ses longs membres. Parfois il vous fixait avec des regards obliques et inquiets. Revêtu d'un costume sombre élimé, il avait le cou pris dans un col rigide à coins cassés sur une cravate noire ne cachant qu'en partie une chemise à rayures mauves. Toute sa personne et son visage même paraissaient de propreté douteuse. Comme son regard mobile s'attardait un instant, je m'aperçus qu'un filet rouge traversait la cornée bleu pâle, aux alentours des prunelles.

Revenus à notre point de départ, nous accédâmes au rez-de-chaussée de la maison par un perron de pierre. A peine entrés, une gêne insurmontable s'empara de nous. Près de la fenêtre était assise une femme, un ouvrage de tricot entre les mains. Elle nous jeta un rapide regard plein de crainte. Il y avait aux murs des gravures d'après Gustave Doré et des portraits de chansonniers montmartrois, avec dédicaces banales et flatteuses. De sa voix habituée à faire la lecture, Mauvot dit à Dangecour qui s'empressait autour de la table :

— Nous sommes venus pour vous entendre.

Promenade dans le jardin et conversation n'avaient été que préambule. Notre visite allait prendre son vrai sens et ce sentiment n'était pas sans guinder l'atmosphère. Dangecour, exagérément ému, s'était assis, relevé, assis de nouveau, et ses mains tremblaient. Il lançait vers la femme, qui tenait ostensiblement baissées les paupières, des regards courroucés. Enfin elle se leva et nous l'entendîmes alors aller et venir dans la cuisine voisine. Dangecour se retourna encore plusieurs fois en lui jetant des coups d'œils inquiets, puis plus calme il prit sur la cheminée un cahier d'écolier dans lequel étaient collés des poèmes imprimés.

— Je compose d'après un texte qui me plaît et en m'efforçant de ne pas trahir l'auteur.

— Ne croyez-vous pas, hasardai-je, qu'un poème est seulement écrit pour être lu...

Le visage qui me regardait était si douloureux que je me tus. Il est toujours cruel d'empêcher une manie de se satisfaire. Dangecour cherchait sa voix en fredonnant. Il toussota, puis s'excusa de ne pas trouver le ton. Enfin il se mit à chanter.

Exactement ce que nous redoutions ! La voix de basse avait des intonations tragiques, des trémolos, des alanguissements et de soudaines poussées comiques. L'ensemble, sombre et grave, ressemblait au *Chant du Départ,* à de très anciennes romances, à Wagner, à tout ce qu'on peut imaginer d'héroïque et de larmoyant. Mauvot et moi ne savions quelle contenance prendre. N'osant plus regarder le chanteur, nous écoutions, les yeux baissés ou levés. Le soleil couchant teintait de pourpre la fenêtre. Je finis par fixer des yeux le plafond, puis enfin, sans rire, le « compositeur ». La feuille tremblait dans ses mains et parfois il avait de furtifs coups d'œil vers nous. J'aurais voulu lui dire d'en rester là. Mais un poème à peine terminé, sans attendre notre appréciation, il en recommençait un autre, sur un air de plus en plus incertain, avec de brusques raffermissements de la voix.

Au seuil de la pièce voisine, la femme réapparut pour servir le thé. Elle approcha lentement, posa les tasses, versa le liquide cuivré, puis impassible, alla s'asseoir à quelques pas de nous. A cet instant seulement je devinai qu'elle était la compagne de Dangecour. Saisissait-elle le ridicule de cette scène, souffrait-elle en silence ou admirait-elle ingénument ? Au bout d'un instant, elle osa nous regarder et ses traits mornes, son teint gris, s'illuminèrent d'un sourire qui me surprit comme celui, radieux et enchanté, d'une jeune fille. Aucune ironie ne s'y mêlait et cette simplicité nous détendit un peu.

Enfin Mauvot se leva. Manifestement il en avait assez. S'excusant, il félicita le chanteur qui, sourd à ces compliments de convenance, me dévisageait avec anxiété. J'imitai Mauvot tandis que Dangecour allait chercher dans un tiroir, pour me la montrer, une feuille de papier quadrillé. Il avait tracé dessus en grosses lettres : *Répertoire*. Dans une colonne intitulée *Paroliers,* je lus mon nom et celui d'autres auteurs contemporains mêlés à ceux de Baudelaire, Corneille, Lamartine.

— Oui, j'ai refait *Le Lac...*

Pour lui, seule comptait la musique, dont il ne connaissait pas une note, dont il n'avait jamais appris même le rudiment. En face de chaque titre était écrit de la même plume : *Musique de Dangecour*.

Mauvot le remerciait chaleureusement pour la petite séance, il ne l'avait abrégée qu'à cause de l'heure tardive. Avant que nous ayons atteint la grille, notre hôte courut couper les dernières roses d'un parterre en friche pour me les offrir.

— C'est donc fini... murmura-t-il mélancoliquement, il faut partir.

Et il ajouta, penché vers moi :

— Vous n'avez rien entendu... Aujourd'hui j'étais trop ému, la voix me manquait. Mais quelquefois, quand je chante les airs que je compose, c'est tellement beau que j'en pleure.

●

Sur la route où nous marchons à grands pas, Mauvot, sûr de son esprit adorné de diplômes et de sa bonne santé, s'esclaffe :

— Vous avez vu le type parfait de l'autodidacte ! Avec un rien de mégalomanie qui pourrait devenir dangereux... Non ! Vous avez entendu ça ! Et il ne sait pas ce que c'est qu'une clef de sol ou une clef de fa... C'est à mourir de rire !

Toute méfiance vis-à-vis d'autrui m'agace comme une piqûre, vis-à-vis de moi-même m'atteint comme une blessure. Je ne supporte plus les gens chez qui la politesse ne laisse rien passer d'eux-mêmes. A la distinction que d'autres admirent je préfère le naturel, fût-il mauvais, car trop souvent celle-là est apprise. Au vrai, je n'aime et n'ai toujours aimé que les gens qui ne savent pas vivre. Bien sûr, Mauvot avait raison. Et cependant qu'est-ce donc, ah ! qui soudain m'avait ému au plus haut degré, tandis que la femme versait l'eau teintée dans les tasses et que Dangecour poussait son espèce de plainte valeureuse ? Et si je parle d'émotion, ce n'était pas de celle que nous communiquait par contagion la timidité du chanteur pitoyable. Celle-ci, nous ne la ressentions que trop, nous luttions contre elle. Non, une autre émotion d'une extraordinaire noblesse s'était emparée de moi, une émotion tout esthétique devant la terrifiante sincérité de ces accents, sincérité dépassant les degrés connus du ridicule, suprêmement maladroite et par là conservant la pureté de ses intentions. Sincérité aussi dont l'expression réussissait à renfermer en même temps le désespoir de sa propre impuissance, celui de la condition humaine, et la possibilité, au-delà d'elle, d'une allégresse délirante.

Une phrase lue autrefois dans l'ouvrage d'un aliéniste, à propos des sujets qu'il étudiait, me revint tout

à coup en mémoire ; *souvent leurs déductions logiques sont parfaites ; seulement le point de départ est faux.*
 Un vent froid se levait avec l'ombre. La nuit engloutissait derrière nous la maison perdue au seuil du domaine abandonné. Je frissonnai dans mon imperméable, reconnaissant envers Mauvot de ne plus troubler le silence. Tout rire ou parole grossière m'eût crispé. Avant de reprendre l'auto nous dûmes entrer quelques secondes chez les R. Intérieur de commerçants intelligents dont les affaires prospèrent : fausses poutres au plafond, copies de meubles anciens aux sculptures impressionnantes, éclairages indirects, agrandissement photographique sur la cheminée aux briques luisantes comme du cuir. Une fillette vint s'asseoir au piano et j'affirmai qu'elle jouait à ravir.
 — Surtout après un an d'études ! ponctua la petite madame R. qui ajouta :
 — Eh bien ? vous l'avez vu, votre Dangecour ! Un pauvre type, allez, et qui ferait mieux de gagner sa vie...
 J'acquiesçai à ces sages propos. Il est des moments où l'on éprouve du plaisir à rencontrer des gens rassis qui ont l'esprit commercial et le sens pratique.

●

 Les êtres singuliers m'attirent. J'aime l'apparence de mystère dont ils revêtent les choses. Souvent je pensai à Champlerives. Les soirs clairs de novembre, il me semblait voir la lune se balancer entre les peupliers plantés par Dangecour. Les jours de grand vent, je l'entendais hurler à travers le maigre bois et recouvrir de branchelettes l'ardoise ronde posée sur la vieille pierre, tandis que se plisse la surface de l'eau, près de la tonnelle. Une nuit, je revis l'allée couverte où ne jouait plus le soleil, mais un pâle jour gris. A l'extrémité de cette allée venait vers moi, comme spiritualisée par le rêve, une femme aux épaules un peu rentrées, au cou maigre d'oiseau.

L'insistance de ce souvenir, le peu que je savais des reclus de Champlerives, me donna envie d'en apprendre davantage. J'y retournai seul, un jour de semaine, désireux de me replonger dans cette atmosphère qui me hantait presque. La campagne en un voltigement de feuilles mortes avait envahi le village. Un chat s'affolait à poursuivre dans la grande rue ce tournoiement de choses bruissantes. Dangecour me reçut pâle et tremblant comme la première fois. Il me chanta de nouveaux airs. L'un sur le poème que Corneille écrivit pour la Du Parc :

Marquise si mon visage
A quelques traits un peu vieux...

Il avait fait emplette d'une anthologie populaire : *Les cents meilleurs poèmes de la langue française,* et je vis à la quantité de pages marquées d'une croix, que son démon ne lui laissait pas de répit. Je lui demandai de chanter les poèmes entendus naguère et constatai non sans surprise que les airs n'en avaient pas varié. Si Dangecour ignorait tout système de notation, il avait la mémoire des sons. Il devait répéter ces airs à nuits pleines. Sa femme me parut plus ridée encore, plus sèche et plus empesée. Elle paraissait ne plus avoir d'existence réelle.

— C'est vraiment gentil à vous d'être revenu... me dit-elle en aparté.

Sa voix était un murmure, ses grands yeux délavés un reflet. Sous son visage incolore, une robe de couleurs indécises et taillée sans relief achevait de donner à sa silhouette l'aspect d'une ombre. Pauvre ombre apeurée que le courant d'air chassait dans le jardin, vers cette eau noire qui luisait au fond, là-bas, derrière les hauts buis. Je fus étonné, alors que nous nous trouvions un peu à l'écart, de l'entendre soudain me parler avec volubilité. Elle se tut avec autant de brusquerie, les yeux grands ouverts par la surprise de me voir prêter attention à un caquetage auquel personne n'avait dû jamais tendre l'oreille. Et comme je m'efforçais de lui répondre, elle dit encore, dans un souffle, avant que son mari ne nous ait rejoints :

— Vous êtes bon, vous...

Cette parole me déchira le cœur. Je quittai cette fois Champlerives à l'heure que le soleil tout rouge dans un ciel glacé voit surgir la lune à son opposé, comme un reflet de lui même. Je la découvris brusquement, en me retournant, énorme bulle rose suspendue aux branches dénudées d'un arbre, au sommet de la route déserte.

Il n'est de charme si puissant que l'ennui n'anéantisse. Une telle morne désespérance régnait sur le jardin prisonnier du givre, lors de ma dernière visite, que le dénuement de ces deux êtres perdus dans la solitude glacée avait éteint ma curiosité. Le temps s'écoula, je quittai la région, des événements bouleversèrent le monde. Je ne remis jamais les pieds à Champlerives. Que devint Dangecour ? Je gardai de lui le très vague souvenir d'un de ces originaux de province, un peu fou, et que ronge, vertige intérieur, l'ambition démesurée d'imprimer à leur époque le sceau de leur chétive existence. Cet orgueil, qu'on peut qualifier de noble dans son but, n'oublie trop souvent qu'une chose : la distance qui sépare l'intention de la réalisation. Mais l'absence de moyens pour jamais la franchir, cette distance, est peut-être un bien. Ces êtres tourmentés ont placé leur but si haut, si près du foyer de lumière, qu'ils brûleraient s'ils pouvaient l'atteindre. Ne se consument-ils pas déjà dans sa lointaine contemplation ?

LE RAT

Denise enfouit sa bouche dans l'aisselle de l'homme et ne bougea plus. *Elle me respire...* pensa Gaspard. Il gonfla légèrement les pectoraux. *Elle se repaît de mon odeur...* Le poids de la jeune femme l'étouffait un peu. Il éprouvait après l'amour le besoin de reprendre souffle.

Le roman commencé depuis dix ans, Gaspard savait qu'il ne le terminerait jamais. Pffftt ! Quelle importance ! La seule chose comptant vraiment n'était-elle pas ce paradis à domicile : tendres seins dressés, corps gémissant sous la caresse, jeunesse toujours renouvelée des sens repus ? Qui souvent fait l'amour ne pense pas à la mort.

— Tu es tellement plus beau qu'un jeune homme... lui chuchotait encore Denise hier soir.

Quels éloges les plus dithyrambiques d'un critique littéraire contrebalançaient ce compliment-là ? Le doux renflement des hanches recommençait à se mouvoir lentement sur la cuisse tendue. A la vaniteuse pensée de l'homme se mêla une vague inquiétude : *Arriverais-je jamais à la satisfaire ?*

A ce moment un bruit inaccoutumé venu des profondeurs de la salle-de-bains, grattement régulier coupé de brefs silences, attira son attention. *Je reviens...* dit-il en repoussant la jeune fille qui, après un grognement, sombra dans le sommeil.

Il se leva, referma précautionneusement la porte, puis, à pas de loup franchit le vestibule. L'entrée de la salle-de-bains restait toujours grande ouverte. Gaspard fit encore un pas et s'immobilisa, retenant son souffle. Une masse rampante de poils bruns, deux fois grosse comme le poing, traversa l'espace vide entre la baignoire et l'évier, pour se faufiler jusqu'au débarras du fond. Gaspard avança de deux pas. *Je te tiens mon bonhomme !* pensa-t-il en poussant brusquement le battant. L'animal, enfermé dans le réduit, ne pourrait plus s'échapper.

Depuis le début des travaux entrepris dans l'immeuble voisin, la faune des égoûts remontait à la surface. *Je n'aurais jamais cru que ces sales bêtes grimperaient jusqu'ici.* Avant tout, ne rien dire à Denise. Elle serait capable de ne plus remettre les pieds chez lui...

En repassant devant l'évier, il épongea son front moite. L'eau froide lui rendit le calme. *Huit heures cinq... Bon. Je vais attendre qu'elle s'en aille, et après* (il se frotta les deux mains et eut un bizarre frisson) *à nous deux !* se dit-il en pensant à la nuque grassouillette du répugnant animal. Avant de rentrer dans la chambre, il avança le réveil d'un quart d'heure.

— Tiens ! tu es levée ? dit-il en voyant la jeune femme, croupe tendue hors de sa courte chemise, inspectant dans la glace son visage encore mal réveillé.

— Vouiiiii... bâilla-t-elle. Où étais-tu ?

— Tu n'avais pas bien fermé le robinet... répondit-il évasif. Au fait, tu devrais te presser : il est plus de huit heures.

Il retourna dans la cuisine, posa une casserole pleine d'eau sur le gaz et entreprit de moudre le café tandis que Denise , comme chaque matin, s'activait à sa toilette.

Le bruit du moulin à café couvrit le grattement qui avait repris au fond de l'appartement, et Gaspard fut seul à l'entendre. Ils déjeunèrent sur le guéridon de la chambre.

— D'accord, je t'attendrai au petit bar, rue de Cluny, vers midi et demi.

Il eut un soupir de satisfaction quand le pas de la jeune fille s'éloigna dans l'escalier. Dès qu'il se retrouvait seul, son dos se voûtait, son cou se courbait sous un écrasement invisible. Il patienta encore quelques minutes, puis à pas décidés, alla se saisir des lourdes pincettes, près de la cheminée.

— Tu es fait, comme un rat ! murmura-t-il.

La justesse de l'expression le réjouit tandis qu'il collait l'oreille à la porte du débarras. Après quelques secondes le grattement reprit, presque à ses pieds. Ouvrant précipitamment la porte, il donna au jugé dans l'ombre un premier coup. Mais la bête s'était rapidement glissée dans le coin le plus reculé du réduit et la tige de fonte ne frappa que le carrelage.

— Moins simple que je ne pensais.

Il avança pour refermer derrière lui le battant et appuya sur le commutateur. La lumière blanche éclairait en plein le rectangle du sol qu'encombrait seul un balai. Gaspard souleva ce dernier obstacle et le corps trappu, le long museau, les petits yeux affolés apparurent, sans défense. L'homme prit le temps d'accrocher le balai et de ressaisir fermement en main son arme improvisée. *Cette fois, tu ne m'échapperas pas...*

Il allait frapper quand une impression étrange l'envahit. L'animal, longeant les plinthes de porcelaine, avançait de plus en plus lentement, comme convaincu désormais de l'inutilité de ses efforts. Il finit même par s'arrêter pour regarder de ses yeux aveugles la silhouette penchée au-dessus de lui. *Tiens !* pensa Gaspard, *Je n'aurais jamais cru qu'un rat put avoir des yeux bleus comme les miens...* et il ajouta pour se rassurer : *Ce doit être un reflet du carrelage.* Mais tout le corps de la bête enflant légèrement, ressemblait maintenant à un minuscule porcelet. Le museau s'était aplati, le crâne s'élargissait, et des cloques roses pareilles aux lobes des oreilles humaines commençaient à poindre sous les cornets de poils gris. Gaspard se passa la main devant les yeux, croyant rêver. Mais non ! Sous ses yeux une monstrueuse créature ambigüe mi-rat mi-homme prenait forme. On pouvait même y distinguer déjà, malgré sa petite dimension, l'évident sosie de Gaspard lui-même.

A ce moment, celui-ci eut la certitude, s'il attendait une seconde de plus, qu'il n'accomplirait jamais le geste de salubrité nécessaire. De nouveau il frappa, puis frappa encore. Un tremblement convulsif s'emparait de lui tandis que le sang giclait de la masse soubresautante qui se dégonflait comme une baudruche sous les crochets la déchiquetant. L'homme n'avait eu d'abord que l'intention d'assommer la bête immonde pour la noyer ensuite ou la jeter dans le ruisseau, mais à cause de cette transformation saugrenue que sa raison se refusait à admettre, il s'acharnait maintenant avec la peur que ne resurgît de la chose sanguinolente, en même temps qu'un dernier sursaut de vie, une apparence humaine. Ce que les tiges de métal s'entêtaient à dépecer n'était plus depuis longtemps qu'une loque hideuse et Gaspard frappait encore. Et il lui semblait que chaque coup s'abattait sur sa propre nuque, il lui semblait que c'était lui-même qu'il anéantissait.

Ses jambes vacillaient. Il eut besoin d'un violent effort pour ne pas s'affaisser là, son sang répandu mêlé à celui de sa victime. Et quand il se redressa, les pinces de fonte tombèrent de ses mains qui ne cessaient de trembler. Il respira plusieurs fois profondément avant de se diriger vers le cabinet de toilette.

— Je l'ai eu... répétait-il, tandis qu'un rire nerveux le secouait, je l'ai eu.

LES LOCATAIRES
DU GRENIER

Pieds nus, couverte d'un peignoir qui laissait entrevoir ses seins et ses cuisses blanches, elle circulait du matin au soir dans les corridors et les escaliers de l'hôtel, collant parfois l'oreille aux portes ou pénétrant dans la chambre des locataires absents comme pour déchiffrer le secret de leur vie.

Les nouveaux venus, la prenant pour une soubrette, la poussaient dans les coins sombres. Mais vite ils comprenaient leur méprise.

— Ça suffit, hein ! Une parole de plus et je vous chasse !

La crainte vague d'être mis à la porte, dans ce quartier aux rares chambres libres, et celle plus précise d'être accusés de détournement de mineure, car malgré ses vingt-deux ans elle n'en paraissait guère plus de seize, décourageaient les audacieux.

— C'est la fille de la patronne, leur enseignait le lendemain la vraie serveuse de l'hôtel, qui était bossue, laide et sale à rendre sages les plus entreprenants.

Lilite (c'était son nom) étudiait Tite-Live en Sorbonne et préparait une thèse sur le mythe du Phénix chez les Anciens, non qu'elle envisageât sérieusement de devenir professeur ou assistante de faculté, mais afin d'éblouir sa mère qui ne possédait, elle, que son certificat d'études primaires. Ces occupations lui laissaient suffisamment de répit pour tenir le registre de l'hôtel et recevoir les clients quand le responsable était absent.

Lilite avait de longs cheveux noirs, un visage rond de princesse moldave, des yeux à la fois doux et fous et une étrange bouche qui pouvait enfler jusqu'à prendre la forme d'une grosse fraise ou se réduire à la minceur de deux pétales de roses superposés. N'eût été l'éclat alcoolisé du regard, car elle buvait sec et cachait dans sa chambre, en permanence, une bouteille de gin (les *djiins,* disait-elle, ayant aussi étudié la mythologie arabe, sont des lutins un peu sorciers), on aurait pu croire insensible son visage au teint mat, dont ne palpitait que rarement la narine. D'autres fois, à cause de l'abus des euphorisants, elle semblait pétulante de santé rose, avançant alors, sous l'échafaudage de la chevelure, en redressant comme un oiseau mécanique sa menue tête mignonne.

Un négociant de passage, qu'affolait le velours de sa prunelle, essaya de la corrompre.

—Je vous donnerai tout l'argent que vous voudrez.

— Mon cher ! répondit-elle de sa voix flûtée, je suis beaucoup trop chère pour vous : avec moi, c'est gratuit.

Parole de sainte. Le bonhomme ne pouvait comprendre. Lilite n'était pas toujours si bien inspirée. Quand un homme ne lui déplaisait pas et révélait plus d'imagination, il lui arrivait de répondre :

— Oui... Je ne sais pas... Peut-être... Non... Pas ce soir en tous cas.

Qu'il se montrât patient et il avait quelque chance de se retrouver nu quelques heures avec elle également nue, dans un autre quartier, dans un autre hôtel, loin, très loin de celui-ci. Le lendemain, ce chanceux ne serait plus qu'un étranger, au mieux l'un de ses vieux copains. Elle en comptait une ribambelle qui auraient pu se dire plus ou moins ses amants. L'un deux l'ayant appelée un soir « Ma petite princesse de sabbat », elle en rit d'autant plus qu'elle ne partageait pas le plaisir que tous semblaient prendre à l'usage, même furtif, de son corps délectable.

— Je suis heureuse, parfaitement heureuse ! avait-elle coutume de dire à ses meilleurs amis. Ma mère m'adore... Elle me laisse faire tout ce que je désire, me donne ce que je veux... Quel mari me gâterait à ce point ? Je ne me marierai jamais.

Cette affirmation, pour être si souvent répétée hors de propos, devait cacher une envie désespérée de sortir de la solitude, un ennui profond, si ce n'est une insurmontable angoisse.

— Tu devrais aller voir ce que fabrique le 18. Il n'est pas venu hier payer sa quinzaine.

— J'y vais, justement il est là. Sa chambre est éclairée...

Lilite grimpe au cinquième et frappe à la porte du 18. Pas de réponse. Elle frappe plus fort. Silence.

— L'abruti a dû sortir en laissant la lampe allumée !

Les deux femmes attendirent vingt-quatre heures. Le rai brillait toujours sous la porte.

— Il est peut-être malade ? suggéra Lilite.

— Penses-tu ! Il est parti sans laisser d'adresse ! dit sa mère. Prends le *passe* et va voir.

Sitôt la porte ouverte, une puanteur épouvantable se répandit dans les étages. Sous la lumière crue de l'ampoule électrique, le locataire du 18 gisait, le visage comme du charbon mou. Sa mort remontait au moins à dix jours. La découverte ayant eut lieu un samedi soir, il fallut de nombreux coups de téléphone et démarches dans les commissariats pour que le corps soit enlevé, trois jours plus tard.

Cet incident, auquel s'ajouta vers le même temps la mort d'une grand-mère, seule personne de la famille qui lui ressemblât, laissèrent chez la jeune fille un tourment secret. Un peu plus souvent qu'autrefois à présent Lilite répétait :

— Ce qu'on s'emmerde !

Et à ceux qui l'aimaient et lui conseillaient de ne plus boire et de fumer moins, elle lançait, comme en souvenir de l'année d'Hiroshima, qui était celle de sa naissance :

— Qu'est-ce que ça fait ! Tu sais pas qu'on va tous sauter bientôt !

Le meilleur de ses journées elle le passait dans le long corridor sans porte où aboutissaient ses pérégrinations d'étage en étage. Ici nul locataire n'avait accès, à part la femme de ménage pour y suspendre le linge, une ou deux fois par semaine. Lilite s'asseyait sur un coussin posé à même le plancher, avec quelques livres autour d'elle, plusieurs paquets de cigarettes et la bouteille enfermant ses *djinns*. Elle restait des heures à rêver sur la guerre du Péloponèse, le mythe de Laocoon ou la disposition des muettes dans la structure mallarméenne. Quand elle levait le nez, elle apercevait, dressée au fond du corridor, l'échelle conduisant sous les combles.

Par un curieux refus obstiné de sa part elle n'avait pas encore exploré cet endroit. *Il n'y a jamais rien dans les greniers que l'on atteint par une échelle !* Elle en était convaincue, sûre de son expérience fureteuse.

Pourtant, un après-midi que la pluie grésillait sur le toit, et que l'hôtel, plongé dans un silence torpide, évoquait l'entrepont de quelque bateau-fantôme errant sur une mer d'huile, elle crut entendre des voix dans cet espace inconnu au-dessus de sa tête.

Intriguée, elle monta sans bruit et colla son oreille à la trappe. Mais oui ! Une violente dispute retentissait là, derrière. Deux voix, d'homme et de femme, s'injuriaient avec véhémence. Ces voix, à la proximité indéniable, semblaient pourtant venir de très loin, de son passé même de petite fille, quand ses parents, en instance de divorce, se disputaient en sa présence.

— Tu as loué le grenier, maintenant ? dit-elle le soir même à sa mère, en affectant l'indifférence.

— Tu ne le savais pas ? Il y a longtemps déjà... Une pauvre fille sans abri. Elle me faisait pitié...

— Mais il m'a semblé entendre plusieurs voix ?

— Elle avait sans doute la visite d'un ami. Ce n'est pas interdit, dans la journée... ou peut-être répétait-elle un rôle, elle est comédienne. Sans emploi, bien sûr !

— Taratata... pensa Lilite qui n'insista pas. Tu me racontes des balivernes, ma chère maman, ils sont toute une famille, là-dedans.

Sa curiosité restait en alerte et le lendemain même elle décida de pénétrer dans le grenier. Soulevant la trappe, elle s'introduisit dans l'espace mystérieux qu'éclairait seule, tombant de deux vasistas, la lumière d'un ciel maussade. L'immense pièce aménagée sous les solives lui parut tout d'abord déserte. Mais quand, redressée, elle avança de quelques pas, ce qu'elle distingua peu à peu la remplit de surprise.

La dispute s'élevait d'un magnétophone posé sur un meuble bas. Les voix mêlées s'injuriaient dans les termes les plus crus, avec l'accent irrémédiable des vies qui se déchirent.

Lilite fut un peu soulagée. Ainsi ce n'était que cela, les locataires du grenier ! Un tumulte sans corps, des voix enregistrées peut-être depuis des années. A ce moment elle aperçut, immobile au fond de la pièce, une jeune fille assise qui lui tournait le dos. Seul un frisson agitait ses épaules enveloppées d'un châle noir. Dans le vacarme furieux du magnétophone elle n'avait pu entendre la trappe s'ouvrir et elle restait là, face au mur. Lilite appuya sur l'interrupteur du ruban magnétique et le silence se fit.

— Mademoiselle ?

Il lui fallut répéter plusieurs fois avant que l'étrange locataire consentît à se retourner. Mais Lilite crut qu'un effet de miroirs lui renvoyait sa propre image tant ce visage ressemblait au sien. Un visage blanc de poupée ancienne, aux paupières baissées, comme sans vie, un visage fermé, enfermé. Un peu plus tard elle constaterait que les yeux étaient plus fous, la chevelure plus désordonnée, le cou plus grêle encore, les mains plus fines. Toutes deux ne sortaient-elles pas d'un même rêve ?

— Ah, c'est vous ! Je vous attendais, prononça ce double éthéré, nullement surpris. Mais vous avez tellement tardé !

— Je ne suis pas souvent là le soir, répondit Lilite comme pour s'excuser. Vous savez, je traîne beaucoup dans les rues...

— Chut ! C'est faux. Simplement vous êtes comme moi. Vous ne pouvez pas rester seule.

Une immense exultation s'était emparée de Lilite au son de cette voix exprimant ce qu'au fond d'elle-même, depuis si longtemps, elle n'osait s'avouer. Il était singulier que la révélation ne lui en soit venue qu'à cet instant. N'attendait-elle pas elle aussi ? Et ce qu'elle attendait avait tant tardé ! Ensemble, elles n'attendraient plus désormais.

Elle s'empara de la main de l'autre.

— Dites-moi votre nom ?

— Moi aussi je m'appelle Lilith. Lilith avec un *h*.

Lilite (avec un *e*) jubilait. Ce ne pouvait être l'effet du gin. Elle n'avait rien bu ce matin. Quelque chose venait d'arriver, une aide mystérieuse, un moyen d'échapper pour toujours à l'enlisement.

L'autre mendiait maintenant :

— Je ne saurai jamais ce rôle... Aidez-moi à sortir d'ici.

— Oui, venez. Il ne faut pas rester prisonnière des voix anciennes.

Un coup de pied dans la boîte sonore la fit s'ouvrir en tombant. Le cylindre fou déclencha les deux voix confondues une dernière fois dans un nasillement de cacatoès, avant de se taire pour l'éternité. Dans le corridor du cinquième, le *Tite-Live,* la bouteille de gin et la pile de cigarettes furent expédiés de la même manière définitive.

— Ma valise ! s'écria l'une.
— Mes chaussures ! murmura l'autre.

Elles descendirent l'escalier avec de petits rires, puis se séparèrent pour se retrouver un quart d'heure plus tard derrière la porte du rez-de-chaussée.

— On se cavale ! dirent-elles ensemble. Et pour soi chacune ajouta :

— Maintenant je ne crains plus rien.

Mais quand elle eurent sans bruit poussé le battant sur la rue, elles constatèrent, avec un léger étonnement auquel n'était pas sans se mêler une toute neuve angoisse, que le ville entière était devenue un immense lac emportant dans ses remous boueux, murs écroulés, toitures arrachées, poutres noircies dressées vers le ciel dans un dernier appel calciné. Cet enfer de plomb se confondait avec une voûte de plomb. Mais aux pieds des deux jeunes filles qui riaient en se tenant la main l'eau coulait, sur le trottoir, transparente comme un ruisseau d'avril.

LES DEUX REDERSI

Je m'appelle Redersi, avec un i, pas un y. Sam Redersi. Ce n'est pas un nom comme Durand et Dupont. Bien sûr, des Redersi, il y en a eu avant moi et il y en aura après. Là n'est pas la question. Un nom, ce n'est rien, ça n'a l'air de rien. Ça n'a d'existence que par les échos qui le répercutent. L'un des grands poètes de notre époque me disait un jour : « Qu'est-ce que la renommée ? — Un nom souvent répété ». C'est évident. La gloire ne s'improvise pas. Elle se construit lentement, comme les maisons d'autrefois, une pierre après l'autre. Ainsi (pourquoi chercher plus loin un exemple ?) moi, Sam Redersi, avant d'avoir composé ma *Sonate des Lieux obscurs,* et surtout ma *Symphonie des Joyeux Cimetières,* personne ne soupçonnait mon existence. Écrire, ou peindre, ou composer, enfin *créer,* c'est s'inventer un nom. Il n'y a et n'y aura toujours qu'un Sam Redersi, dont je suis l'inventeur.

Or un soir, il y a près de deux ans, un événement curieux se produisit dans ma vie. Je me trouvais à Bruxelles, cette ville débonnaire où l'on enferme les monuments gothiques dans les caves des buildings, où l'odeur du café grillé se mêle, sur les collines, au relent des frites chaudes, où le gravillon des chantiers se voit pompeusement baptisé « grenailles errantes » alors que les W-C de certains cafés de faubourgs s'intitulent crûment « pissoires ».

J'étais venu dans cette ville poussiéreuse et triste pour y entendre en première audition mon « Hymne des Cormorans », dont le modernisme s'accordait bien, selon la pensée des organisateurs, à l'esprit bouillonnant du bourgeois flamand, qui croit volontiers que sa ville, avec ses faux airs de petit New York, est à la pointe des destinées européennes. Entre nous, cet *Hymne des Cormorans* n'est pas ce que j'ai fait de mieux ! Je l'avais intitulé d'abord *Hymne des Cosmonautes,* puis, réfléchissant à ce que ce titre comportait d'agressivement vulgaire, plus modestement j'avais trouvé son titre définitif. Aucun rapport entre cosmonaute et cormoran, me direz-vous. Mais si, mais si ! Il y a des rapports entre tout.

Le Directeur de l'établissement où devait avoir lieu cette grande première m'accueillait à la Gare Centrale et tandis que nous cheminions vers le Central Théâtre, je pouvais voir sur les murs, non sans une satisfaction centrale elle aussi, des affiches de différentes dimensions où mon nom se lisait en lettres énormes : SAM REDERSI. Certaines étaient rouges, d'autres jaunes, et j'admirais l'esprit d'initiative de cette race nordique pour qui le sens national ne perd jamais ses droits. Mais comme j'approchais d'une de ces affiches, rouge celle-ci, mon aimable cicerone m'entraîna vivement vers un taxi, ce qui me surprit un peu. J'allai bientôt comprendre la raison de cette attitude. A la porte du Central Hôtel, le directeur s'éclipsa subitement, après un rapide *au revoir,* à la vue d'un jeune homme qui, comme moi, se dirigeait vers le bureau de la Réception. Je ne prêtai guère attention à cette disparition soudaine, dont je n'allais pas tarder également à comprendre le pourquoi.

— Vous devez avoir une chambre retenue pour moi ? dis-je au préposé à la clientèle.

— Monsieur ?

— Sam Redersi.

— Mais certainement, Monsieur Sam Redersi... reprit l'employé, avec cet inimitable accent des bords de l'Escaut qui fera toujours sourire le Français de Paris.

Tandis qu'il me tendait la clef de la chambre 15, le jeune homme derrière moi se penchait et, du même ton que le mien, avec un grain d'ironie :

— Vous devez avoir une chambre retenue pour moi ?

— Monsieur ? répondit en écho la voix derrière le bureau.

— Sam Redersi, persifla le jeune homme.

J'allais me retourner pour être certain que l'impudent se moquait bien de moi, avec l'intention de lui demander d'éviter ce genre de familiarité. Mais le liftier, dont la tâche était manifestement de croire au sérieux de ses clients, ne l'entendit pas ainsi. Il avait consulté fébrilement le registre de l'hôtel et, perplexe, nous regardait l'un et l'autre.

— C'est exact ! fit-il tourné vers moi. Quelle curieuse coïncidence !

Son sourire était embarrassé et il se grattait le lobe de l'oreille, en continuant à nous dévisager tour à tour. Finalement, s'inclinant devant les bizarreries du destin, il tendit au jeune homme la clef voisine de la mienne.

— Vous avez la chambre 16.

— Pardon ! m'écriai-je, si ce monsieur n'est pas un mauvais plaisant, comme j'ai tendance à le croire, si vous avez effectivement deux Sam Redersi inscrits sur votre registre, comment pouvez-vous savoir que la chambre 15 est la mienne et la chambre 16 la sienne ?

— Effectivement répéta l'homme du bureau, de plus

en plus ahuri, il y a là un problème que je n'osais pas me poser...

Et avec un sourire prouvant qu'il se refusait à tout jamais d'en rechercher la solution :

— De toutes façons, c'est sans importance, Monsieur, le 15 et le 16 sont absolument identiques.

— Bon. Je garde le 15 ! rétorquai-je, encore sous le coup de la surprise. Et me tournant en le toisant vers l'usurpateur, j'ajoutai avec sécheresse :

— Rien n'est absolument identique.

Je pensai : « IL n'y a, il n'y aura toujours qu'un Sam Redersi ». Le présomptueux qui, lui, ne semblait nullement étonné, eut à ce moment la sagesse d'éclater de rire, si bien que nous nous retrouvâmes assis côte à côte sur les deux tabourets devant le bar. Ce jeune homme ne me ressemblait pas. J'avais cinquante-cinq ans, il en avait vingt-cinq. Au fait nous allions nous découvrir rapidement de lointains liens de parenté.

— Je suis heureux de cette rencontre, me dit-il sans doute pour atténuer l'effet fâcheux du début. Et avec une accablante innocence : Fatalement elle se serait produite un jour, mais je vous avoue l'avoir recherchée. Si vous ne me connaissez pas, moi je vous connais depuis toujours. Qui ne connaît le grand Sam Redersi ?

La flatterie allait être suivie de vantardises d'une telle énormité, manifestant une telle inconscience (ou duplicité) que je pris le parti tout d'abord de n'élever aucune protestation. En bref, ce lointain neveu avait eu, vers sa seizième année, la révélation de mon existence. Et comme il se trouvait affublé du même nom que moi, il n'avait eu de répit qu'il ne soit devenu, lui aussi, compositeur. Puis me prenant par la main il me conduisit devant les deux affiches aperçues tout à l'heure en ville et qui figuraient en bonne place dans le vestibule de l'hôtel. L'une était rouge, l'autre était jaune, et sur les deux se lisait :

SAM REDERSI

C'est alors qu'avec stupeur je m'aperçus qu'elles n'étaient pas du tout semblables, ces affiches. Tandis que la jaune conviait les habitants à assister à l'audition de mon *Hymne des Cormorans,* l'autre, la rouge, invitait ces mêmes habitants à entendre, en première audition également, un certain *Hymne des Corps Mourants.* Évidemment, le lieu de ce concert, indiqué en tout petits caractères pour ajouter à la confusion, n'était pas le même. Tandis que je me produisais au Central Théâtre en présence du roi, de la reine et de la plus honorable société de Bruxelles, l'autre Sam Redersi exploitait ses talents devant une cohorte de barbus débraillés ou de hippies empanachés, dans une lointaine salle de la périphérie.

Poussée à ce degré, l'imitation, direz-vous, devient de la malhonnêteté. J'ai tendance à penser, aujourd'hui, qu'il s'agissait plutôt d'une monumentale naïveté. Que ma célébrité importunât ce jeune homme au point qu'il désirât se l'approprier ne faisait aucun doute, fût-ce au prix d'une tricherie dont il ne semblait pas se rendre compte. Il était non moins évident que son stratagème avait réussi, ce soir-là, à créer l'hésitation, si ce n'est la confusion, aux yeux, sinon aux oreilles de certains mélomanes.

Ce fut surtout le neveu qui en pâtit. Des critiques, qui n'avaient assisté ni à l'un ni à l'autre de ces deux concerts, évoquèrent les corps mourants de ces cormorans en m'attribuant les uns et les autres. N'importe ! Il y avait là une imposture *sans nom.*

Comme je l'ai déjà dit, je m'efforçai de rester calme.

Je ne voulais pas donner à ce greluchon l'impression que je me souciais de ses manigances et surtout que j'attachais la moindre importance au maigre talent que pouvait lui avoir procuré la fréquentation de mes œuvres. Beaucoup plus tard, j'essayai paternellement de lui expliquer qu'il ferait mieux, dans l'intérêt de sa propre carrière, d'adopter un speudonyme.

— Tu comprends (nous en étions au tutoiement), faire une œuvre, c'est s'inventer un nom. Or ce nom que tu utilises...

— C'est le mien ! interrompit-il, piqué.

— Un nom n'a pas d'existence. C'est une étiquette. Tu ne peux étiqueter *Bordeaux Vieux* une bouteille de piquette. Ton truc sera vite éventé...

— Dis donc ! Tu sembles ignorer mon talent !

— Tout doux, tout doux ! Quoi que tu fasses, même avec génie, tu ne supprimeras pas ce fait qu'il n'existe qu'un Sam Redersi : moi. Je sais qu'il y eut autrefois plusieurs Bach... Mais on n'imagine pas, de nos jours, deux Erik Satie, deux Olivier Messiaen, etc.

Il ne voulait pas m'entendre. Son impudence devint telle qu'un jour, dans un salon, alors que la maîtresse de maison me présentait à un critique influent :

— Sam Redersi.

Une voix acide, dans notre dos, lança :

— Le vieux !

Lui, il était Sam Redersi le jeune, bien sûr. Ceci me remplit de rage et je ne pus, ce soir-là me retenir.

— Non, pas le vieux, repris-je, l'unique.

Il eut encore une fois la présence d'esprit d'effacer sa bévue par un rire désarmant. Mais l'amertume contenue dans sa réplique l'avait démasqué et j'en souffris pour lui.

Vers ce temps-là, devant son impuissance sans doute

à me supprimer, il devint jaloux de tout ce qui m'appartenait, se mit à faire la cour à ma femme, faillit abuser de l'innocence de ma fille, courtisa l'une après l'autre chacune de mes maîtresses, allant jusqu'à s'attribuer en mon absence la paternité d'œuvres dont j'étais l'auteur. Les rares coupures de presse évoquant ses concerts m'étaient inévitablement adressées alors que celles me concernant aboutissaient sur son bureau. On me félicitait ou m'injuriait à propos d'ouvrages dont il était seul responsable !

— Je t'en prie, lui dis-je un jour, remplace au moins l'i de ton nom par un y. Ça nous différenciera un peu.

Il ne voulait rien entendre. Devais-je le tuer ou disparaître ?

Je dois reconnaître que l'agacement m'avait un peu aveuglé à son égard. N'étais-je pas, en définive, injuste envers lui ? Subrepticement j'allais entendre cette *Sonate des Corps Mourants,* d'où était partie notre discorde. Hé ! Hé ! Il y avait là un petit quelque chose. Évidemment le benêt ignorait le rudiment de l'art. Mais avec le temps, peut-être... Alléché, j'assistai à l'audition de ses œuvres plus récentes. Eh bien je m'inclinai presque. Derrière le modernisme outrancier, la facilité, les clins d'œil à la mode, un soupçon de voix véritable existait, il eût été vain de le nier. Je me frottai les mains. Somme toute, la musique de ce Sam Redersi-là n'était pas si mauvaise !

Sans son entêtement stupide, il aurait pu facilement devenir célèbre. C'est alors qu'un éclair de génie me traversa. Puisque ce maladroit s'obstinait à recouvrir son talent de mon nom, le mieux n'était-il pas de le laisser faire ? Il avait voulu profiter de ma renommée, ce serait moi qui profiterais de la sienne. L'apport de son talent enrichirait le mien. Mes contempteurs de toujours seraient surpris de ce revigorement d'une œuvre qu'ils avaient eu tort de croire à bout de rouleau. Je commençais à être un peu fatigué, et en m'attribuant les efforts créateurs de ce jeune homme, je ne pouvais que gagner au change. Pourquoi ne le laisserais-je pas un jour composer MA musique ? Pour les mélomanes du monde entier, il n'y aurait toujours qu'un Sam Redersi.

L'intention me vient, en attendant, de lui proposer une collaboration. Mais acceptera-t-il ? (C'est un monstre d'orgueil). Nous pourrions écrire ensemble un petit air de réconciliation que nous intitulerions, par exemple, en souvenir de notre première rencontre : *Le Quintette des Échos Marrants.*

DINDONS SAVANTS

A Serge Wellens

—Approchez, m'sieurs dames, approchez ! Venez voir les dindons qui dansent ! Spectacle unique au monde !

Chaque soir me retrouvait parmi la foule avide d'originalité qui se pressait pour entrer. Que d'honnêtes volatiles remplacent les acteurs n'était pas banal en effet, encore moins qu'ils se trémoussent sur un air d'Offenbach. L'orchestre préludait par une cavatine entraînante tandis que se tassaient les spectateurs devant la scène étroite et surélevée du petit théâtre.

Quand le rideau se levait on pouvait voir, comme dans la plus banale des basse-cour, quatre dindons plus chamarrés que des académiciens se pavanet en glougloutant. Puis, tandis qu'une poignée de maïs jeté des coulisses occupait avidemment ces gallinacés, l'orchestre entamait un adagio mélancolique. Dans la salle se manifestait déjà quelque impatience. Hé quoi ! Avait-on payé sa place pour regarder quatre dindons picorer leur ration ?

Mais le morceau terminé, après un court silence retentissait un roulement de tambour, comme au cirque avant le saut de la mort. Et c'est alors que le vrai spectacle commençait.

D'abord la musique reprenait, modérato cantabile. Les oiseaux mélomanes, tête haute et dressant leur caroncule repeinte, la peau mamelonnée du cou gon-

flée à éclater et la queue en éventail, lentement dressaient une patte, puis l'autre. La musique alors accélérait le rythme et chaque animal, œil aux aguets, oreille attentive, se dandinait, pattes se levant et retombant en mesure, de plus en plus vite. C'était bientôt une véritable danse qu'exécutaient de concert les quatre volatiles tandis que les sons se précipitaient et que le public, pris au jeu, scandait en frappant des mains pour accentuer la cadence :
— Houp'la Houp'la Houp'la !
Vision hallucinante ! Pattes et ailes à présent se soulevaient, s'agitaient dans un comique irrésistible, tandis que l'ambiance dans la salle atteignait au sublime. Pour suivre les accords endiablés de l'orchestre, plumes ébouriffées, yeux exorbités, les dindons bondissaient, la pointe de leurs ergots seule touchant le sol, comme les plus agiles des danseurs d'opéra. Chaque soir, le rideau retombait au milieu des éclats de joie, dans un tonnerre d'applaudissements.

●

Quand se termina la fête, je me trouvai par hasard dans les parages de la baraque aux dindons. L'impressario, tandis qu'on démontait les tréteaux, m'expliqua avec de gros rires et sans souci d'en préserver le secret, sa fortune maintenant étant faite, comment fonctionnait le spectacle dont j'avais été la dupe. Mes illusions sur l'intelligence des méléagris et mon admiration pour leur dresseur d'un coup s'envolèrent.

La scène était une cage que les lambris rouge et or dérobait à la vue du public. Le sol se composait d'une épaisse tôle, peinte en manière de plancher. Durant l'adagio préliminaire et le repas des oiseaux deux compères logés dans le soubassement allumaient sous cette tôle un feu de charbon de bois qu'ils activaient ensuite à volonté, armés chacun d'un soufflet. Quand la plaque commençait à chauffer, les volatiles, pour ne pas se brûler les pattes, entamaient une danse qui irait crescendo jusqu'à ce que la chaleur de la tôle devint telle que les pauvres bêtes en fussent réduites à ces entrechats qui provoquaient l'enthousiasme de la foule.

Pourquoi me serais-je indigné ? Il y a tant d'autres dindons dans le monde qui, sur tous les airs, dansent mieux que les miens pendant que les malins, en dessous, attisent le feu.

LA FLEUR QUI CHANTE

Souvent, en compagnie de Sylvine, Robert était allé dans le bois des Amants. C'était un charmant petit bois tapissé de lierre et parsemé de fleurettes. Sous les feuilles immobiles comme après une longue sécheresse, il faisait bon avancer dans la pénombre, fille et garçon, main dans la main. Au fur et à mesure qu'on pénétrait dans la futaie une impression de mystère et d'attente vous étreignait. L'obscurité s'épaississait de plus en plus, il semblait bientôt qu'un danger sournois menaçât. Aussi n'osait-on s'arrêter dans cette ombre devenue si dense. Quant à revenir en arrière il n'y fallait pas compter avant d'avoir aperçu la fleur mémorable. On n'avançait plus alors que pas à pas, cœur gonflé d'impatience.

Et soudain, dans une éclaircie des taillis, elle apparaissait, agitant lentement ses pétales sur un reposoir de mousse verte. La merveilleuse fleur ! Certes, elle ne ressemblait à nulle autre. Pourtant, venu dans le bois des Amants pour la voir, à bien la regarder on restait sur sa faim. Hé quoi ! N'était-ce que cela ? Un peu exagérée la réputation de la fleur, non ? Les yeux écarquillés, l'oreille tendue, Sylvine vacillant d'une bizarre angoisse et Robert au regard comme égaré passaient lentement.

Dans l'oppressant silence du sous-bois il semblait qu'aux premières gouttes de l'averse une voix dût surgir pour inciter les jeunes gens à s'arrêter. Mais le message salvateur restait enfermé dans la terre avide entre le treillis des racines.

Déjà le couple s'éloignait avec la vague impression d'avoir été floué. Quelques pas et la lumière du grand jour perçait les branches hautes. Les deux se retrouvaient à l'orée, contents l'un de l'autre à cause de l'aventure malgré la déception qu'ils n'osaient plus maintenant s'avouer.

En l'absence de Robert, Sylvine raconta une fois à Valère, ignorante des hommes, les impressions de sa promenade. Valère eut ce rire de gorge qui, à la pension, la faisait haïr de ses professeurs.
« Eh bien ! je pense que ton Robert ne connaît pas tous les chemins... Ce soir je t'y conduirai, moi, et tu comprendras tout autre chose !
— Tu n'es pas folle ? Aller à deux filles dans le bois des Amants !
— Et pourquoi non ? Tu ne le regretteras pas...
— Mais ce soir, non, ce n'est pas possible..., se défendait encore Sylvine en tremblant. Demain, si tu veux. (Déjà elle en avait très envie). Je pense que Robert ne sera pas revenu.
— A ton aise. Nous irons en cachette, nul ne nous verra, ajouta Valère.
C'est ainsi que, rongées d'impatience, les deux filles attendirent le lendemain soir pour se rendre dans le bois des Amants. Reparcourir en compagnie de Valère le trajet si souvent accompli avec Robert paraissait à Sylvine pour le moins étrange. Une ondée légère avait dû tomber dans la nuit. Toutes les feuilles étaient plus vertes. Chaque fibre, chaque brin d'herbe frémissait d'aise.
Quand elles arrivèrent dans la partie la plus obscure du bois, Sylvine serra plus fort la main de son amie

mais n'osa se blottir contre elle comme avec Robert. Ce fut Valère qui, sentant sa panique, l'enveloppa de ses deux bras. Elles arrivèrent enlacées devant l'autel d'herbe et de mousse où la fleur resplendissait doucement, dans ce halo lunaire qui l'enveloppait.

« Tu vois, ce n'est vraiment pas grand-chose... » allait dire Sylvine.

Mais, au lieu de passer comme Robert, Valère s'arrêta et, dans cette mystérieuse angoisse qui l'étreignait, Sylvine comprit qu'une chose nouvelle allait surgir de cet instant, bien qu'ignorant ce que ce pouvait être. Et ce que ce fut dépassa de si loin son attente qu'elle en resta longtemps abasourdie.

La fleur se mit à chanter. Une chanson douce et cependant violente sourdant des racines pour monter jusqu'au calice et s'élancer légère, si légère, mais en même temps sonore et pleine, vers les plus hautes feuilles. Et la clairière entière, brusquement éclairée d'une extraordinaire lumière, devint vivante pour se pencher vers la merveille.

Sylvine comprenait maintenant tout le sens de la promenade au bois des Amants. Oh ! certes, la réputation n'en était nullement usurpée. Devant cet émerveillement l'autre riait aux anges, murmurant en se pressant contre son amie :

Écoute. Oh ! écoute...

— Oui, j'entends... répondit Sylvine. Mais elle pensait : « Dès que Robert sera de retour, nous reviendrons, lui et moi. Il entendra la fleur et ce sera mille fois plus merveilleux qu'avec Valère ».

Quelques jours passèrent avant que le projet se réalise.

— Qu'as-tu donc ce soir ? disait Robert, étonné de l'impatience de Sylvine.

— Tu le sauras tout à l'heure, mon chéri, viens, dépêche-toi. J'ai hâte d'être avec toi sous la pénombre des arbres.

Une vraie pluie dégouttait encore en mille perles. Tout le sous-bois délirait de bonheur. Quand ils furent dans la clairière enchantée et que la fantastique lueur qui semblait sourdre de la fleur eut doucement remplacé l'obscurité, Sylvine, le visage enchanté, murmura : « Robert, écoute, mon chéri ! »

Robert, qui n'entendait rien et prêt à se moquer, tout à coup perçut la chanson extraordinaire. Et les deux se mirent à genoux, bouleversés du même émoi.

Ils s'attardèrent plus longtemps que de coutume ce soir-là dans le bois des Amants et jurèrent d'y revenir souvent.

Mais la révélation avait été si violente pour Robert, si grand son plaisir en comparaison des autres fois, qu'il se promit de revenir avec Leïla, plus jeune que Sylvine et avec laquelle il avait un jour traversé le bois en courant, sans même apercevoir la fleur tant la naïve était effrayée.

Puis il y eut Lucas, qui vint avec Leïla en cachette de Robert, et Aglaé, main dans la main de Sylvine (ô surprise !). Et puis ce fut en compagnie de Valère, une nuit de pleine lune, la timide Ernestine (qui s'empressa le lendemain même de revenir avec Marcel).

Le secret de la fleur était devenu un lien mystérieux entre ces filles et ces garçons, lien que chacun n'osait avouer, hors son complice du moment. Cependant il advint qu'un dimanche, le hasard les ayant rassemblés, plus d'un baiser s'égara des lèvres de Robert aux lèvres d'Aglaé, puis à celles de Sylvine, de Marcel ou de Valère. Sans doute avaient-ils un peu trop bu ce jour-là. Leurs mains, sans discerner le partenaire, à d'autres mains se mêlèrent. Tant et si bien — c'est « si mal » qu'il faudrait dire — que l'un émit l'idée de se rendre tous ensemble dans le bois des Amants pour entendre la fleur chanter.

On était au plein de l'été. La sécheresse revenue, à nouveau les ramures restaient immobiles comme dans l'attente d'un grand mystère. L'odeur des gerbes liées coulait, fleuve invisible, dans le lit asséché des ruisseaux. Elle remplissait les cœurs d'un appel profond qui ressemblait à celui du désespoir.

« Filles et garçons, où allez-vous ? Où allez-vous, mains réunies, comme pour une folle ronde ?

— Nous allons au bois des Amants, nous allons au bois des Amants !

— En cachette du monde entier ?

— Oui, en cachette du monde entier !

Et chacun et chacune pensait en s'étirant de voluptueuse attente : « Nous allons voir la fleur qui chante ».

Espoir fou, espoir vain. De l'intrépide sacrilège nul ne fut récompensé. La troupe entrée joyeuse dans le bois en sortit fort décontenancée. A tout jamais, cette nuit-là, pour chacun d'eux, la fleur cessa de chanter.

LA CHATTE
DES ABYSSES

A Henri Sauguet

Dans mon adolescence, Maman me disait souvent devant l'hôte félin du foyer : « Dis-moi donc, toi qui sais tout, à quoi pense cette petite bête ? » Il est vrai que le mystère de la vie humaine est présent dans le regard interrogateur de ces compagnons familiers, alors que tant de regards humains ne reflètent que le néant. Longtemps après cette question restée sans réponse, comme au cours du temps on croit « posséder » quelques femmes, je possédai des chats de toutes espèces, de l'angora de salon vêtu de duvet, au noir chat à poil ras coureur des toits, en passant par le majestueux persan blanc, boule de neige remuante, et le matou dit « de gouttières ». J'aime ces animaux qui acceptent de vivre en notre compagnie, sans rien de servile, fidèle à l'écuelle journalière, ronronnant comme des toupies quand leur maître prend plaisir à passer la main sur leur dos soyeux, et cependant gardant l'indépendance et l'agilité des fauves. Puis, tenté par les voyages, obligé à de fréquents déplacements, je restai plus de dix ans sans leur présence dans mes pas.

Pourquoi fallut-il que la tentation me reprit ? Mon attirance, sans doute, pour les yeux bleus ? J'avais remarqué, chez cet ami musicien, une chatte siamoise aux poils roses, aux larges yeux opalins. Lorsqu'il me prévint qu'elle avait été couverte par un chat abyssin et qu'il me ferait volontiers l'offre d'un de ses petits en âge d'être sevré, je ne pensai pas du tout à l'Abyssinie, mais à ce tréfond des océans dénommé *abysses*. Quand nous arrivâmes chez lui, ma femme et moi, cinq chatons galopaient d'une pièce à l'autre, de la table et du lit au piano. Mais, ô déception ! aucun n'avait les yeux bleus de leur mère ni le poil rose. Cinq boules noirâtres aux yeux de miel, dont l'une vint se nicher sur les genoux de ma femme.

C'était Uti (Notre ami avait déjà baptisé la nichée : Uta, Ute, Uti, Uto, Utu. Musique oblige !) Au vrai, dans la cohue remuante, j'avais mal regardé Uti. Ma déception fut de courte durée, le ticking, particularité de cette race, donnait à son pelage des reflets d'argent, de l'échine noire aux flancs de lièvre, aux pattes rayées, à la face de tigre. Et le ventre était du plus beau duvet rose ! Mais sa vraie beauté résidait dans l'élégance de ses formes et dans les multiples expressions de ses regards changeant, qui valaient bien tous les yeux bleus du monde !

Elle n'avait pas atteint sa deuxième année que je m'apercevrais, à certains signes, de son étrangeté. Chatte peu ordinaire, je le compris vite, et différente de tous ses prédécesseurs. Je ne me doutais nullement qu'en adoptant cette créature, ou plus justement en étant adopté par elle, mon esprit (je n'ose dire mon cœur) céderait peu à peu à une emprise singulière qui me plongerait par instant dans un abîme *abyssal* que les lueurs de la raison ne parviendraient pas à éclairer, profondeurs célestes peut-être plus qu'océanes. Mais n'est-il pas plus obscur encore que le fond des mers l'infini qui nous surplombe ?

Au fait, ayant subie le traitement imposé pour ne plus accomplir ses fonctions de reproductrice, elle devint vite à notre image, à notre usage, je veux dire totalement dénaturée, n'acceptant plus de vivre hors de l'espace créé par ma femme et moi, au point que j'éprouvai bientôt pour cet objet vivant voué à notre intimité, l'énorme, la dévorante tendresse qu'inspirent les êtres et les choses qui n'ont plus à survenir et que rien ne saurait remplacer, la gâtant à tel point qu'elle devint vite la reine de la maison.

Jamais ne m'était apparu comme devant les yeux ronds d'Uti la barrière infranchissable séparant les êtres et en même temps leurs ressemblances insondables, contradiction qu'aucun mot, aucun langage, ne pouvait ici atténuer. Cependant l'attachement que je ressentais d'elle à moi comme de moi à elle, parfois illuminait dans un éclair le pressentiment d'une unité inaccessible. Nous étions deux amis séparés par un large fleuve, s'apercevant sur l'autre rive, avec la certitude de ne jamais pouvoir se rejoindre. Rien n'eût égalé le bonheur, la joie paradisiaque, qui se seraient emparés de nous si nous y étions parvenus.

Ce contentement, je le connaissais déjà avec ma femme-enfant dont les yeux bleus m'avaient inspiré, au début de notre union, les mêmes sentiments légèrement angoissés ? Par la communion charnelle et une entente spirituelle parfaite, elle était devenue si totalement *mienne* que nous vivions dans la certitude que rien ne nous séparerait jamais. Mais notre nouvelle compagne était d'une espèce étrangère et nous devions désormais compter avec les tempêtes rapides ou la sérénité dans le lac d'or de ses prunelles. Étant chatte, Uti est un peu femme. Seul mâle du trio, je n'ose pas la dire en surnombre ! Ses bouderies jalouses ou, ma femme absente, ses câlineries sournoises, n'entachent en rien sa pureté native d'animal ignorant les complications vicieuses de nos sensualités exaspérées. Non.

Quelque chose en elle m'intrigue cent fois plus que ces babioles, quelque chose — hé oui ! — d'indicible.

Sans aller, comme ces ridicules mères-à-chats qui les recueillent dans les jardins publics, jusqu'à parler de leur facilité à comprendre notre langage, de leur amour pour nous ou de leur méchanceté, attribuant à ces félins leurs propres sentiments ou leurs défauts, j'en viens à me demander ce qui différencie, derrière les apparences, cette intruse silencieuse, rampant ou bondissant, mais le plus souvent dormant, de l'homme sourdement inquiet, bruyant, trop actif, qui ne sait plus dormir ni se souvenir de ses rêves !

Non ! Le langage d'Uti est le sien, même si près parfois de nos sanglots, son museau frais toujours en quête au ras des choses prouve que le monde pour elle est peuplé de mille odeurs que nous ignorons, la mobilité incessante de ses longues oreilles indique qu'elle entend cent bruits que nous n'entendons pas. A quoi lui servent ces fines antennes autour des babines, cette queue droite et rigide quand elle marche, soudain s'animant sur ma table de travail pour en disperser les papiers ? Nous l'ignorons. Sa face triangulaire, presque vipérine, révèle un cerveau minuscule. Elle n'a pas, heureusement, notre intelligence. Elle est bête. Mais nous savons si peu de la vie des bêtes ! D'Uti je sais seulement ce que sa présence me donne à penser. Toute en sensations nerveuses, en réflexes timides ou burlesques, en visions fugitives. Et pourtant ses regards obliques de l'autre côté des miroirs, comme si elle en connût tous les recoins et n'eût pas besoin d'y aller voir ; son absence totale d'intérêt pour l'écran de la télévision, son acharnement dans le jeu, la détente imprévisible de ses muscles dessinés sous le poil ras, ses entêtements et refus incompréhensibles (pour nous), prouvent en elle des certitudes, un instinct sûr, autoritaire. Elle perçoit ce que nous ne pouvons percevoir et redoute ou souhaite d'en subir les atteintes.

Quand elle dort, les deux épais traits noirs tracés sur son pelage, au-dessus des paupières, me paraissent des yeux insolites, fixes et profonds. Cette chatte dont le cœur bat plus vite que le nôtre, roulée en escargot, immobile, le museau entre les pattes, yeux fermés et oreilles en repos, est le carrefour d'une animation intense dont tout réveil brusque l'arrache, l'œil égaré, comme si l'on venait d'assassiner l'une des sept âmes que la légende dit enfermées sous sa peau. Ce dormir peuplé, ce n'est pas paresse, mais sa vraie vie.

Je ne saurai rien de ses rêves mais je commence à mieux comprendre ses impressions. A tout instant elle me rappelle que notre vide extérieur est habité. Nul ne peut de nos jours nier la vie que recèle l'atmosphère, des ondes et rayons cosmiques aux milliers d'atomes s'agitant dans les poussières dont nous sommes cernés. Mais c'est à autre chose que je pense sans oser le dire, revenants ou fantômes. Je sais qu'Uti voit ce qui pour nous reste invisible.

Un jour, elle était assise devant moi, dans cette attitude naturellement noble qui est la sienne. Je vis soudain son cou s'étirer vers le haut, comme poussé par un ressort, et, au sommet de ce carcan musclé, dans la gueule tendue, ses yeux brusquement agrandis regardaient au-dessus de moi, hagards, hallucinés, comme si quelqu'un d'étranger, quelqu'un *autre,* approchait silencieusement dans mon dos. Que voyait-elle ? *Qui* voyait-elle ? Une mouche, direz-vous. Non, j'en suis sûr. L'insecte ou l'oiseau n'imprimaient pas à ses regards une telle terreur.

Ce ne fut pas la seule fois que je la surpris ainsi, dans

la perception brusque d'une vision derrière moi (ou peut-être en moi ?) Il me semble même, maintenant, qu'à cette expression d'épouvante aperçue dans ses prunelles se mêle comme un souhait dévorant, un espoir intense. Mais je me refuse à penser que le désir de rester seule avec la compagne chérie de ma vie, le désir de me remplacer, en somme, l'anime !

Pourtant jusqu'ici, pour regarder ce que fixent ses yeux écarquillés, et que je sais qui me concerne et ne concerne que moi, je ne me suis jamais retourné, par une sorte de crainte inavouable. Mais je le ferai un jour, quand je pourrai voir sans frayeur ce que ses yeux de hibou regardent ainsi avec une telle intensité, quand je pourrai entendre sans trembler ce que ses oreilles dressées, radar poilu, écoutent.

DÉFENSE D'ENTRER

Il ne suffisait pas à Martine d'être adorée par son mari. Elle s'était réservé une pièce dans leur appartement pour y préserver de la curiosité d'autrui les images qui la hantaient depuis l'enfance. Sur la porte elle avait suspendu un écriteau :
[DÉFENSE D'ENTRER.]

Certes, elle eût pu se contenter vis-à-vis de son compagnon de vie d'une interdiction verbale. Jamais Jacques n'aurait eu l'indiscrétion de pénétrer dans la chambre défendue. Il choyait trop sa femme pour ne pas respecter ses fantaisies, même entourées de mystère.

A dire vrai, l'écriteau péremptoire les amusait l'un et l'autre. Ne proclamait-il pas à tous regards qu'un domaine était consacré à Martine seule, où nul n'avait droit d'accès. Son domaine ! Là, elle pouvait s'enfermer des journées entières pour essayer de fixer sur le carton à gouache, en rejetant tout autre souci, les formes et les couleurs qui la poursuivaient.

Si nul jamais ne pénétrait dans ce royaume interdit, Martine, elle, n'obéissait guère à l'impérative défense d'entrer. Tout le jour elle allait et venait, sortant souvent et sans plus y faire attention, *entrant* (malgré la défense), ayant oublié ses cigarettes ou de l'eau pour ses pinceaux, une gomme, un crayon, ou encore quand, un peu lasse, elle venait retrouver Jacques qui, dans la pièce voisine, chauffait ses rhumatismes devant la cheminée en lisant le journal.

Cette inconséquence la perdit. L'interdit l'est pour tous et en premier pour celui qui l'énonce, ou ne l'est pour personne.

Un jour de vacances, les deux époux prirent l'avion pour Albano, le médecin ayant conseillé à Jacques une cure dans cette ville de réputation internationale. Ils passèrent quelques jours en promenades, de Venise à Padoue. Puis elle visita les musées et les églises de Rome pendant qu'il suivait, à l'établissement balnéaire, le traitement préconisé. Ils dînaient le soir ensemble avant de rejoindre ensemble leur chambre commune.

Martine commençait à souffrir un peu de son oisiveté et du manque d'isolement. Un soir, elle dit à Jacques en se levant de table : « Je reviens tout de suite... »

Peut-être avait-elle abusé des vins capiteux de la région. Après avoir poussé deux battants qui se refermèrent derrière elle avec un gloussement sardonique, elle se trompa de sortie, franchit un couloir sombre, traversa un étroit jardin où ne clignotaient que quelques lumières, enfin, ou plutôt *en fin,* ayant fait encore quelques pas dans un boyau humide, elle se trouva devant une dernière porte sur laquelle était clouée une pancarte :

[DÉFENSE D'ENTRER.]

Naturellement elle ouvrit cette porte avec désinvolture. Puis, l'ayant franchie, son pied glissa sur un rebord de ciment luisant comme une lèvre et elle tomba, en poussant un grand cri, dans une cuve d'eau bouillante. Quand survint le personnel de l'établissement, il était trop tard.

Lorsque Jacques (qui se demandait si, à la seconde succédant la mort, toute souffrance est abolie) eut réintégré leur appartement parisien, il n'osa pénétrer immé-

LE BRUIT DU MOULIN

diatement dans la chambre secrète, respectant jusque dans le souvenir le caprice de sa femme. Mais il fallut bien se décider un jour à braver une interdiction qui désormais n'avait plus de sens.

Ce n'était pas le fantôme de Martine qui l'attendait dans l'atelier désert, mais le signe même de sa destinée. Sur la table, sur les murs, à terre, partout d'étranges tableaux étaient posés ou suspendus, violemment coloriés et répétant la même obsession : un jaillissement de grandes vagues mouvantes, comme une mer en ébullition, de lourdes flammes vaporeuses et translucides ou des ailes pourpres entourées d'un frémissement nacré. Forêt en feu ou âcre fumet de sorcières ? Villes irrémédiablement vouées à l'incendie ou souvenirs des enfers rougeoyants de l'enfance ?

Peut-être plus simplement reflets du feu qui brûlait en elle et qui, par ce qu'on appela une « tragique étourderie », devait la dévorer.

L'ANGE GARDIEN

Ce taxi s'empara de moi par surprise, alors que je méditais, à petits pas, au bord du trottoir, fatigué d'errer parmi tant de quartiers inconnus. Depuis quelques instants il devait me suivre, en longeant la chaussée, au plus extrême ralenti de son moteur, comme si le conducteur avait deviné mes intentions d'en finir avec ces rues désertes aux façades anonymes.

— Chez moi ! lui dis-je péremptoirement, en m'engouffrant entre les banquettes poussiéreuses.

Je n'avais même pas eu besoin d'ouvrir la portière qui se referma de même, m'emprisonnant pour le voyage. Quel voyage ! Le taxi accélérant brusquement, je faillis, à peine installé sur ses ressorts geignants, me fracturer le crâne.

— Holà, nous avons le temps, chauffeur !... avais-je beau crier. Il appuyait avec rage sur l'accélérateur, comme pour se venger d'avoir dû me suivre tout à l'heure à une allure de limace, si bien que j'étais cahoté par les pavés et projeté à chaque virage d'un coin à l'autre.

— Etes-vous sourd ! N'allez pas si vite...

Mais pouvait-il m'entendre ? Il avait rentré dans les épaules sa tête coiffée d'une casquette pareille à un vieux képi. J'étais maintenant à sa merci et il en profitait. Visage collé contre la vitre, je cherchai à reconnaître les quartiers que nous traversions. L'angle d'une rue, une enseigne, un carrefour me donnaient parfois l'impression d'endroits familiers, mais rapidement je ne sais quels changements imprévus les effaçaient de ma mémoire. Tout à coup, la nuit tomba, une nuit si épaisse et si soudaine que je soupçonnai mon conducteur d'avoir, par le déclenchement d'une manette, obturé volontairement mes possibilités de vision. Dans la pénombre, je ne distinguais plus que son dos trapu surmonté du képi qui prenait maintenant des airs de bicorne. Les cahots se faisaient plus rares. Nous devions rouler moins vite et sur une avenue mieux entretenue, ou peut-être avions-nous atteint une vraie route enserrée par des épaisseurs d'arbres. Je n'étais plus du tout secoué, à peine bercé dans un glissement monotone par le bruit à présent régulier du moteur. Ce ronronnement même, sans que j'eusse perçu le moindre sursaut, s'arrêta.

Arraché de la torpeur qui me gagnait par la conscience soudaine d'être arrivé, j'empoignai la portière et l'agitai dans tous les sens. Enfin le conducteur, descendu de son siège, vint à mon aide. Affable, son énorme casquette appliquée sur le cœur, il s'inclinait avec des grâces de vieux serviteur.

Nous étions dans une allée bordée d'arbres dont les branches entrecroisées très haut dans le ciel ne laissaient filtrer que la lueur de rares étoiles. La nuit était bien tombée, rendue plus épaisse par ce souterrain de verdure. J'abandonnai le véhicule et son bizarre conducteur, non sans l'avoir prié de m'attendre. Après quelque cent mètres dans les ténèbres, je distinguai une masse sombre que trouaient seules, au premier étage, deux fenêtres éclairées. En approchant, je reconnaissais cette maison et sans aucune hésitation, malgré l'obscurité, j'en gravis le perron, mais une incertitude persistait en moi, comme si le lieu m'eût été familier autrefois mais que je n'y fusse plus revenu depuis plusieurs années. Par bouffées, l'odeur forte du seringa me suffoquait de sa douceur, comme le souffle vivant du passé.

J'entrai et montai le petit escalier de bois verni conduisant à l'étage dont je poussai l'une des portes. C'était bien ici chez moi ! Du moins je le pensais, sans trop y croire, devant la scène que découvrait mon regard. Une jeune femme brune, au visage gracieux, les cheveux épars, jouait sur le tapis avec un enfant blond. Il y avait dans leurs gestes et dans leurs regards comme une entente secrète. La jeune femme se leva paresseusement et vint vers moi. Du moins j'eus l'impression qu'elle venait vers moi, mais elle ne fit que me frôler sans paraître me voir et, tandis que j'entendais sa voix murmurer un tendre bonsoir, je la vis se prêter à l'étreinte d'un homme qui derrière moi pénétrait à son tour dans la pièce. Cet homme, sans aucun doute le maître de la maison et de ces deux ravissantes créatures, devait me ressembler quelque peu. Je reconnus sur son visage une expression qui était la mienne sur d'anciennes photographies. Lui non plus ne semblait me voir. Ce fut cependant d'un pied léger que je me retirai pour ne pas troubler l'intime bonheur où je n'avais que faire. Chez moi ? Non, ce n'était plus ici chez moi. Par quelle aberration de mon esprit avais-je cru que ce pût être ici chez moi !

Je m'en retournai en courant. Le vent s'était levé, agitant bruyamment dans mon dos les branches noires comme pour me chasser. Je criai de loin au chauffeur :

— Chez moi, conduisez-moi chez moi !

Il surgit d'un fourré avec des gestes pataud comme un ours habillé. A la lueur des phares, je remarquai qu'il avait, pendant mon absence, orné de feuilles son invraisemblable casquette.

— On y va, mon monsieur... me lança-t-il avec une joie non dissimulée.

Sa bonne humeur devait être communicative ou peut-être avais-je réellement hâte de quitter ces lieux. Je me rencognai avec satisfaction sur la banquette usée qui me parut le comble du confort. Je ne me souciais plus de la vitesse de la machine ni de la direction qu'elle emprunterait désormais. Une lourde fatigue m'assoupissait tandis que nous roulions de nouveau vers la ville ou peut-être vers une autre ville. Certainement beaucoup de temps avait passé lorsque je ressentis à nouveau coups de freins et virages indiquant que nous parcourions des rues bordées de maisons. Je devais m'être encore assoupi car je m'aperçus tout à coup qu'il faisait grand jour. Des passants nombreux encombraient les rues et souvent nous ralentissions pour éviter de les renverser. A un moment, le plancher du taxi se souleva, me renversant presque à l'horizontale. Nous grimpions une côte si abrupte que je me demandai si nous parviendrions jamais à son sommet. Le moteur trépignait et fumait par toutes les jointures, secouant et empuantissant mon réduit. Comme essoufflé, après deux ou trois hoquets plus violents encore, le véhicule s'arrêta, pour aussitôt, à reculons, redescendre. Heureusement, le chauffeur eut la présence d'esprit, par un brusque coup de volant, de bloquer les roues contre le trottoir.

Ce léger incident me fit comprendre qu'il n'était pas si obtus que j'avais pu le croire, ce chauffeur de fantaisie, pas si obtus mais peut-être bien plus malin : il me sembla que son couvre-chef avait fleuri durant notre dernier parcours, ou peut-être émanait-il de sa cervelle un pouvoir semblable à celui de l'eau, qui ranime les fleurs fanées. Et cette façon de me dire : *Vous êtes rendu, mon monsieur !...* comme s'il avait fait exprès d'aboutir devant ce vétuste immeuble de faubourg, à la porte entrebâillée sur un couloir nauséabond. Chez moi ? Certes, il y a très longtemps j'avais pu vivre là. Où m'avait-on tant parlé de cette rue en pente, et de cette maison sordide, et de son entrée obscure, que je croyais les reconnaître, bien que je ne les eusse jamais vues ?

Au fond du couloir, escalier 3.

Mon Dieu, mon Dieu ! pouvait-on vraiment vivre là ! Des seaux de toilette sur les paliers, des ordures à même les marches, et ces cris, ces piaillements à travers les portes, et ces odeurs ! Au troisième étage, je me le rappelai, c'était au troisième étage. Je n'eus qu'à pousser la porte. Immédiatement, à droite de la table, je reconnus l'enfant que tant de fois on m'avait dépeint. A présent, elle était presque une jeune fille, avec cependant toujours dans le regard cette expression de mes portraits du tout jeune âge. A côté d'elle, le père me tournait le dos, si bien que la mère seule, face à la porte, me vit entrer. Sa pauvre, si pauvre petite figure soudain bouleversée, elle se leva, exsangue. Je crus qu'elle allait s'effondrer de saisissement. Elle balbutiait : *Toi, toi, toi...* Comment après tant d'années, pouvait-elle ne pas avoir oublié, ne pas m'avoir oublié ! Je posai un doigt sur mes lèvres, inutilement d'ailleurs : le mari ne se retourna pas. Il semblait habitué au spectacle de ces sortes de crises. Je reculai doucement, en jetant un dernier regard sur la fillette pour imprimer la forme de ses traits dans mon souvenir. La scène eût été parfaite si, avant de disparaître, j'avais envoyé un baiser du bout des doigts à la mère. Mais je me contentai de la fixer d'un regard dur, empreint de cruauté peut-être.

Quatre à quatre, les marches de l'escalier, mes pieds les franchirent et d'un bond la cour. Je me retrouvai encore une fois sur la banquette vermoulue du taxi avec presque le sentiment de me retrouver chez moi.

●

Le conducteur a retiré sa casquette à oripeaux et je m'aperçois que son visage est tanné et ridé comme celui d'un vieux paysan. Sans attendre mon ordre, d'un brusque coup de volant dégageant sa roue arrière, il dévale de quelques mètres la pente avant de repartir, le capot devant, sans même avoir remis en marche le moteur. Nous descendons silencieusement mais avec rapidité jusqu'au terrain plat du boulevard. Là, embrayant dans un cri de ferraille, en virant sur l'aile, il s'élance vers un autre quartier.

Quelle est à présent cette avenue tranquille ? J'en reconnais le large trottoir bordé de platanes aux mille boules suspendues. Quel est cet immeuble dont le style « moderne » date d'un quart de siècle, du temps que j'avais vingt ans ? Arrête-toi ici, taxi du passé, arrête-toi que j'entre vite par cette porte étroite et monte les étages jusqu'au studio meublé du cinquième. Ai-je frappé ou le bruit de mes pas a-t-il suffi pour que la voix, à travers la porte, la voix anxieuse réponde : *Entrez !*

Une femme d'une cinquantaine d'années est étendue sur le lit bas, mais ce n'est pas cette inconnue que je vois d'abord. Ce sont les deux chaises, le guéridon de faux acajou et les tentures des fenêtres, bleu clair jadis, devenues de ce gris argenté qu'ont les ailes des insectes morts. C'est, au mur, le sous-verre intact (si je le soulevais, je reconnaîtrais dessous la couleur primitive du papier) et dans un coin les vêtements suspendus sous la cretonne de l'étagère. Rien n'a changé, mais tout a revêtu cette pâleur des ciels élavés de l'hiver, et mon cœur se serre en retrouvant ce décor, tandis que la voix, comme élavée elle aussi par le temps, murmure :

— Tu vois, rien n'a changé depuis ton départ...

Depuis mon départ ? Est-ce possible ! Et cette vieille femme serait... Mais oui, c'est elle ! Et j'ai tout à coup envie de me jeter au pied du lit, de m'anéantir à jamais au sein de ces choses dont les couleurs peu à peu me semblent renaître. S'arrêter, attendre ici la mort serait doux, choyé par cette amie vieillie, dans cette chambre où je réapprendrais jour après jour les gestes d'autrefois. Que pourrait m'apporter la vie de meilleur que cette souveraineté sur un seul être, même déchu ? Ainsi s'égarent mes pensées tandis que la voix de pitoyable tendresse se durcit, et que resurgissent les anciens reproches, déjà les injures. Tu n'es plus ici chez toi si jamais tu le fus ! Cette femme à la bouche écumante, toute sa haine retrouvée, si ses regards amoureusement t'implorent, furieux ses cris te chassent :

— Je suis déjà morte ! Veux-tu me tuer deux fois ?... Va-t'en !

Mais ses doigts se crispent à mes bras pour me retenir. Il me faut de toute mon énergie en secouer l'étreinte, pour fuir, à nouveau fuir.

— Fidèle taxi, conduis-moi hors de cette ville !

Que de rues sans fin ! Rues aux trottoirs pleins de femmes dont chacune conserve un reste de beauté qu'une expression furtive révèle. J'y reconnais à présent des visages. La plupart, il me semble les avoir aimées. Combien parmi elles, si je m'avisais de les suivre, me conduiraient chez moi ? Des noms oubliés me reviennent, qui me furent chers. Cependant, aux carrefours que nous ne traversons pas assez vite à mon gré, je me dissimule à cette foule par crainte que ses regards ne me démasquent.

— Roule, taxi, emporte-moi loin d'ici !

Un court vrombissement et comme un brusque arrêt du moteur me répondent. La voiture semble s'immobiliser. Pourtant, c'est avec une rapidité tenant de l'hallucination que défilent les maisons, les trottoirs, la foule, puis bientôt les interminables rues de banlieue et les arbres enfin, les prairies. Au bout de quelques secondes, je me rends compte que cette immobilité n'est qu'une illusion due à un brusque changement dans notre manière d'évoluer. Nous roulons, mais à la vitesse d'un promeneur à pied et ce sont bien les choses environnantes, route et paysage, qui se déplacent à une allure de cauchemar. Mon conducteur, par quelque injonction secrète au monde extérieur, a trouvé le moyen de ne plus fatiguer sa machine.

Tout à l'heure, des prairies défilaient sous un étincelant soleil et maintenant ce sont des bois rabougris sous un ciel bas. Puis voici des étendues de neige où sautillent des corbeaux. Aussitôt leur croassement n'est plus qu'un souvenir : des rires d'enfants sous des branches en fleurs les remplacent. Puis nous longeons des rivages où s'ébattent de jeunes hommes nus et de belles femmes aux corps de faon, immédiatement remplacés par d'autres rivages, ceux-ci déserts.

Arrêtons-nous dans cette solitude aride. A ma pensée, le paysage semble stopper, le véhicule reste suspendu, immobile. J'en descends rapidement, attiré par ces taillis rachitiques sur lesquels plane un ciel d'autres mondes. L'endroit aurait pu, jadis, par sa situation et ses arbres centenaires, être qualifié d'idyllique, mais leur feuillage sclérosé n'intercepte plus qu'à peine les rayons du soleil qui s'abattent par flaques sur le sol gris verdâtre, moins vêtu de plantes vivaces que rongé de mousse. Courbant la tête sous un fouillis de ronces noires empanachées de duvet blanc comme une gare triste sous ses fumées je m'enfonce dans un minuscule sentier dont ces fils barbelés végétaux auraient depuis longtemps effacé jusqu'au souvenir, s'il n'était visiblement piétiné fréquemment. Partout, sous les viornes aux chétives efflorasions, gisent carcasses rouillées, vaisselles cassées, plâtras et immondices. Le regard le moins attentif peut constater que ce lieu sert de dépotoir à quelques misérables baraques d'alentour.

Du milieu de ces décombres, un fragment de ferblanterie touché par la lumière s'anime soudain comme un miroir aux alouettes. Mais un léger bruit proche, ajouté à l'impression de mouvement sous les branchages, me persuade bientôt qu'il ne s'agit pas seulement du jeu des reflets et des ombres. Aussitôt je dois m'écarter vivement par crainte de heurter deux jeunes gens, homme et femme, si fortement occupés d'eux-mêmes que mon approche ne les trouble pas. Ce sursaut me fait retomber, tout confus de tant d'intimité, sur un autre couple, puis un troisième, en des postures à peu près identiques et qui ne se soucient pas plus de leurs voisins que de ma présence. Rapidement je dénombre six, quinze, vingt autres individus de sexes juxtaposés, tous à peu près nus et, dans leurs ébats silencieux, obscènes comme brochettes de cuisses de grenouilles.

Cette vie intense, que j'avais prise pour souffles de l'air ou amusement du soleil, revêt le sol d'une monstrueuse couche larvaire. Partout, à peine voilés de vêtements arrachés ou déchirés, corps se chevauchent, membres s'enchevêtrent, visages se confondent. Quelques-uns, les pieds dans l'eau coulant toute proche, se sont réfugiés par manque de place jusqu'au plus bas de la berge. Le fleuve n'a-t-il pas emporté déjà plusieurs d'entre eux ?

Car le plus surprenant de ce surprenant spectacle est bien l'insensibilité de ces possédés hors de leur acharnement. Tout autre endroit serait préférable aux rachitiques verdures de ce lieu jadis champêtre, n'importe quel réduit plus favorable à la poursuite d'une mutuelle extase, n'importe quel coin de rue plus confortable que cette vaste poubelle ! Quel souvenir invincible les enchaîne ici ? Mais sans doute n'est-il question d'aise, de plaisir ou d'ivresse que dans mon esprit. La gravité, l'espèce de torpeur tragique de ces enlacements indiquent assez qu'il s'agit ici d'autre chose. Mais de quoi ? Ces aveugles lubriques eux-mêmes ne l'ignorent-ils pas, ne l'ont-ils pas oublié ? A mieux les observer, profitant de mon inexistence à leurs yeux, je vois ce qu'ont parfois de désespérant leurs accouplements. Qui croit étreindre un corps complice ne saisit que lambeaux. L'un, se trompant de partenaire, assouvit sa rage avec la femme du voisin, d'autres se meurtrissent aux bosquets épineux ou aux mille débris répandus. J'en remarque deux sur un tas de verre brisé qui s'ensanglantent sans que s'apaise leur fureur. C'est plus que je n'en peux supporter. Ce lieu n'a rien de commun avec celui qu'ardemment je cherche. Tournant le dos à l'étrange

LE BRUIT DU MOULIN

kermesse d'amour et de sanie sur laquelle continue à peser le silence, je rejoins en hâte mon taxi fantômatique autour duquel le paysage recommence sa ronde.

Voici des forêts aux grands pins solennels. La route y pénètre comme dans une caverne pour en ressortir aussitôt, enjambant un pont suspendu sous lequel une rivière paresseuse déroule ses méandres. Ne serait-ce pas ici chez moi ? A l'ombre de ce château à clochers de tuiles, décor des rêves de mon enfance ?
Encore une fois, pour répondre à mon désir, le paysage suspend sa course vertigineuse et nous stoppons sous de hauts arbres séculaires. Dans le silence recouvré, un cri d'oiseau m'atteint comme une voix familière. Le taxi, cette fois, est aussi immobile que toutes choses alentour, d'une immobilité qui semble définitive. Son conducteur, maugréant, s'est emparé d'un lourd marteau et soulevant le capot frappe à coups redoublés, comme un forgeron. Je l'abandonne à son tas de ferraille et m'élance dans une large allée rectiligne ouverte devant mes pas. Voici là-bas, au centre d'une clairière, le féerique château qui m'attend ! Ne semble-t-il pas dormir, sa toiture d'ardoise découpée sur l'azur ? Déjà je franchis le vieux pont-levis. L'esplanade est déserte, le cour des gardes abandonnée. Je monte en courant le large escalier jusqu'à une salle immense, aux lustres étincelants, aux murs lambrissés de miroirs. Mais tandis que le parquet luisant sur lequel je glisse freine mon élan, peu à peu m'apparaît dans ces glaces une foule élégante emportée dans un ballet silencieux. Je suis seul dans le grand salon, contemplant derrière les infranchissables parois de verre, ces reflets de fêtes anciennes. A pas lents je traverse plusieurs sal-

les pareillement illuminées et vides, avec ce témoignage d'une vie brillante emprisonnée dans les hauts miroirs.

Il me faut fuir cet enchantement, retrouver l'azur et la prairie où le cri lointain d'une sarcelle a plus de réalité. A petits pas je reviens par l'allée bordée de chênes. Sur la route, plus de taxi ! Mais une calèche que surmonte la silhouette massive de mon compagnon à présent déguisé en valet d'autrefois. Mon pied fait osciller cette guimbarde tandis que je m'installe sur la banquette de velours fané.

— Hop-là, compagnon ! ce n'était pas encore ici chez moi...

Combien propice à la rêverie est cette forêt où mon cheval trotte, trotte ! De longues heures, des jours entiers je me laisserais bercer par son pas monotone. Propice au sommeil aussi et sans plus résister j'y sombre. Mais des rêves qui s'emparent de ma cervelle je suis arraché par un violent sursaut.

Le cheval a disparu et nous sommes aux portes d'une ancienne cité. Mon conducteur, pendant que je retrouve mes esprits, retirant sa veste de brocart, rassemble les rênes et s'attelle aux brancards. Dans cette chaise à porteur que le crépuscule, heureusement, enveloppe de sa pénombre, je pénètre dans d'étroites rues pavées et tortueuses. Mon brave, mon dévoué serviteur s'arrête à chaque minute pour s'éponger le front, mais il semble à présent sûr de son but. Son regard brille entre les favoris qui voltigent comme des ailes et c'est sans hésitation qu'il dirige la calèche parmi l'entrelacs des rues où clignotent de rares réverbères. Nous finissons par nous coincer dans l'entrée d'une ruelle guère plus large qu'un ruisseau. Là, abandonnant l'attelage, mon guide à quatre pattes se transforme en monture humaine et je le chevauche. Hue, cocotte !

Dans cet incroyable équipage, arriverons-nous avant la nuit ? Que de ténèbres déjà dans cette sentine qui va se rétrécissant et se termine presque en bouche d'égoût. Ah, s'arrêter ici, au chaud dans ce creux douillet, recroquevillé comme dans l'utérus maternel. Immobilité, ingestion, silence et nuit, silence et nuit. Oui, ce trou est le mien. Je suis ici chez moi. Fidèle ami, il me faut y rentrer seul. Dans ce souterrain humide et chaud, pas de place pour un autre. Adieu !

Mais tandis que je m'allonge pour pénétrer dans l'étroit goulot de pierre, l'ange gardien à barbe qui m'accompagne, par crainte sans doute de voir disparaître sa proie, me saisit les jambes pour les tirer à lui. Furieux, il a retrouvé toute sa force. Ce n'est plus un vieillard que j'ai devant moi mais un jeune homme alerte qui, soudain redressé, m'enlève avec vigueur sur ses épaules. Déjà il a fait demi-tour et, s'élançant au galop, franchi d'un bond le fiacre obstruant la venelle, puis d'un autre bond les rues.

— Chez toi, chez toi, chez toi..., claironne-t-il ironique.

Campagnes, fleuves, rivages, collines, en quelques secondes nous reparcourons tout le chemin déjà parcouru. Le vent me souffle aux oreilles, les étoiles crépitent autour de mes tempes. Revoici la ville, comme une fusée épanouie, et ses entassements d'ombres, monticules de poussière. Mais nous ne nous arrêtons pas dans ses avenues où je méditais jadis. Cette place ouverte comme la bouche d'une carpe, sur les trottoirs, toutes ces femmes en blanc qui appellent, dents dévoreuses, ne me happeront plus. A Dieu va, coursier ailé !

ROSE DE NOËL

Pour Marijo

L'après-midi du 25 Décembre 1978, il faisait doux et il était agréable de marcher dans Paris, malgré la bousculade des piétons sur le trottoir et le lent défilé des autos empuantissant la chaussée. Un homme au cheveu rare et gris, ayant au bras une très jeune femme, se dirigeait de la place Clichy vers le Boulevard Rochechouard avec l'idée de fuir la foule et de révéler à sa gracieuse compagne l'un des envers les moins connus de la Capitale. Il l'entraîne dans une impasse bordée d'immeubles bourgeois et désuets au fond de laquelle ils franchissent une haute grille.

Et c'est le silence et la solitude. Les deux se trouvent transportés comme dans une autre ville, retrécie, rapetissée, avec d'étranges maisons en forme de logettes aux portes souvent arrachées ou grandes ouvertes, ville muette et abandonnée qu'ont envahi les chats. Ces hôtes silencieux se poursuivent, fêtant Noël à leur façon, grimpant aux arbres, s'élançant des hauts murs, s'agrippant aux corniches des monuments alignés le long des allées. En voici un chétif qui s'écrase à terre avec un bruit mou, comme au fond d'un cauchemar. Il se relève le museau ensanglanté avant d'aller s'allonger pour y finir sa vie dans un parterre aux fleurs fanées.

Une allée rectiligne ressemble aux rues de villes antiques retrouvées sous les cendres. Il n'y manque pas même la bizarrerie de sculptures aux symboles effacés par le temps et dont ne reste que des formes ambiguës. A un carrefour, une silhouette féminine se penche, enveloppée d'un manteau sous lequel apparaissent ses seins nus. De larges sillons noirs causés probablement par d'anciennes pluies, effilant son corps de pierre, lui donne des pattes de volatile.

Notre couple avance par les ruelles pavées ou dans des sentiers recouverts d'un gravier que dévore l'herbe jaunie. La jeune femme mêle son rire enfantin aux paroles de l'homme dans le déclin de l'âge et que surprend encore une fois le bonheur de vivre. Sur le grès, le porphyre ou le prétentieux marbre noir sont inscrits, parmi nombre de noms inconnus, ceux de personnages qui furent célèbres mais dont l'œuvre est oubliée. Étaient-ils poètes, peintres, musiciens ou plus simplement présidents d'association de bienfaisance, gros industriels ou hommes politiques ?

Une pâle lueur éclaire les dalles moussues, les grilles rongées par la rouille, les fleurs de verre qui parfois luisent d'un bref éclat. Mais cette lumière depuis longtemps n'atteint plus sous la terre les morts qui furent alignés là et dont ne reste pas même le squelette. Les deux promeneurs s'arrêtent. Devant eux, près d'une pierre blanchie par le temps, une rose rouge protégée comme miraculeusement des rigueurs de l'hiver, une vraie rose s'épanouit. Ils contemplent longtemps, avec les mêmes yeux émerveillés, cet aspect surprenant de la vie avant de poursuivre leur chemin.

Et brusquement, non sans surprise, l'homme, parmi tant de noms anonymes ou effacés, reconnait en lettres d'un or déjà terni, sur l'une des dalles, le nom d'un de ses amis de jeunesse. Il s'approche, troublé, puis repart lentement. Quelques pas plus loin c'est celui d'un écrivain qui lui fut cher. Plus loin encore n'est-ce pas ce compagnon de lutte, ce confrère irascible qui ne lui avait jamais pardonné ses succès ? Et cet autre que lui-même jalousait, il n'y a pas plus de quelques années. Ils sont étendus ici à présent, à peu près ignorés de tous. Pourquoi, se demande-t-il alors, pourquoi de toute une génération suis-je le seul debout dans cet insolite jardin bordé de tombes, le cœur plein de vie, accompagné d'une radieuse jeune femme au visage que rosit l'air vif de décembre ? N'y a-t-il pas là une monstrueuse injustice ?

Un peu plus tard, quand ils auront retrouvé la cohue des fêtards dans le tumulte de ce dix-huitième arrondissement livré aux échappés des agapes de la veille et se préparant à celles du soir, il lui apparaîtra, en pressant le bras de sa petite bien-aimée, que sa vie à lui, sa vie profonde, ressemble à cette ville déserte et muette où mystérieusement, parmi tant de choses mortes et d'êtres à jamais engloutis, s'ouvre encore une rouge fleur vivante.

LE RETOUR ÉTERNEL

Nous marchions, Élodie et moi, main dans la main, le cœur gonflé de joie, à travers une campagne légèrement vallonnée dont le vert luisait, piqueté de fleurs étincelantes. Trop longtemps nous avions été éloignés l'un de l'autre. Et voici que de nouveau nous étions ensemble. De nouveau, Élodie m'accompagnerait dans la familiarité des choses sous la lumière du jour et dans les visions étranges de la nuit.

De loin en loin, de grands arbres étendaient leurs ombrages. Nous avancions comme glissant au-dessus des herbes, vers une vaste demeure qu'entourait, par groupes, une foule de gens vêtus à la mode d'époques anciennes, les uns dans de somptueux habits de brocart ou de satin, les autres plus sobrement couverts de laine ou de lin, mais tous allant et venant avec la même aisance et portant sur le visage cette sérénité que donne seule la conscience du bonheur.

Un ruisseau presque invisible traversait la prairie, descendant vers un étang dont la surface luisait à travers les branches. L'air était agréable, saturé d'odeurs printanières et la température incitait à se dévêtir. L'envie soudaine me prit de me plonger dans cette eau claire.

— Allons nous baigner, dis-je, nous rejoindrons les autres après...

Avant que j'ouvre la bouche, Élodie connaissait mes pensées. Déjà elle courait devant moi en longeant les

sinuosités du ruisseau. Et comme je la rattrapais, je l'entendis murmurer (mais ces mots dans le calme stupéfiant qui nous environnait retentirent comme si elle les criait avec désespoir) :
— L'eau de la vie !
Je m'aperçus alors que, dans le ruisseau, ne coulait qu'un mince filet chatoyant sur le sable du fond. L'étang dont nous atteignions les bords était complètement vide. Je n'avais vu briller au loin, à travers les arbres, qu'une sorte de limon argenté laissé par les eaux en se retirant, depuis de nombreuses années sans doute, car aucune trace de boue ou de vase ne subsistait. Je fis quelques pas hésitants sur ce sol dur, craquelé par endroits. Déçu ? Non. Lorsqu'on va de surprise en surprise rien ne peut plus décevoir.
— Tant pis, allons retrouver les autres...
Plus près de nous à présent se dressait la demeure. Une façade à colonnades lui donnait l'apparence de noblesse qui convient aux habitations élevées au milieu de vastes paysages. Nous nous dirigeâmes vers la terrasse pour nous mêler à l'assemblée réunie là sans doute pour quelque réception. Certainement pas la nôtre, nul ne fit attention à notre arrivée. Malgré nos vêtements modernes et assez sommaires, notre présence n'intriguait personne. On devait nous prendre pour deux étrangers excentriques ou plus bonnement deux domestiques.
Après avoir gravi quelques marches nous pénétrâmes ainsi incognito dans le corps du logement et parcourûmes de vastes pièces où tout semblait à l'abandon, l'ameublement en désordre, l'assistance nombreuse vaquant sans but. D'une inclination de la tête, nous saluions les gens qui nous croisaient, errant dans

une confusion générale avec cette absence de curiosité qui est peut-être le signe des élus.

A un moment cependant, comme nous passions près d'une jeune femme brune au fier chignon dressé sur la nuque, Élodie me pressa la main et jeta vers moi un regard surpris, interrogateur. Mais tous ne nous regardaient-ils pas avec la même indifférence ? Instinctivement je posai un doigt sur mes lèvres pour lui conseiller le silence, par crainte de déranger une harmonie dont nous ignorions les lois.

Plusieurs fois ce phénomène se reproduisit. Élodie tressaillait à certaines rencontres et je la devinais de plus en plus interloquée, véritablement désemparée. Je craignais qu'elle ne finît par ouvrir la bouche, mais heureusement une diversion se produisit comme nous achevions notre visite. En traversant une cuisine qui ressemblait à un *Vermeer* dont on aurait brisé les miroirs et troublé l'essence silencieuse, j'entendis derrière moi quelqu'un dire :

— L'étang et le puits sont à sec, heureusement que nous avons l'eau de la *ville !*

L'idée calembrenesque me vint qu'il y avait deux L de trop à ce dernier mot. Deux ailes ! J'en ressentis un immense et secret contentement. Cette manie de donner aux lettres valeur de mots ne me venait pas d'aujourd'hui. Il y a très longtemps, quand je découvrais les charmes d'Élodie, la musique magique de ses regards, les arpèges de ses sourires, le crescendo de sa chevelure caressant ses reins, les fausses notes même de ses timidités et de ses audaces, ne l'avais-je pas baptisée *Mélodie.* Nom qui désormais m'impliquerait son commandement : Aime (M) Élodie !

•

Mélodie, Mélodie ! Elle souriait maintenant, toute mélancolie disparue. (Avait-elle eu les mêmes pensées que moi ?) S'emparant d'une cruche qui traînait à terre, elle la remplissait d'eau (de la ville) en me disant :
— Retournons là-bas.

Personne ne vit s'enfuir ces deux égarés par l'entrée de service. J'avais deviné les intentions de mon amie : tenter d'amorcer la source pour que le ruisseau retrouve son cours normal. Folle tentative ! Comment remplir avec une cruche d'eau un étang asséché ! Apercevant dans le jardin un tuyau d'arrosage, je m'en emparai en le tirant avec moi. En quelques minutes nous étions à l'orée du ruisseau tari. Élodie renversait le pichet dérisoire dont le contenu fut aussitôt absorbé par la terre avide. Son désapointement disparut dès qu'elle vit l'instrument en forme de long serpent que j'avais non sans peine traîné jusque-là. Mais vainement je m'appliquais à dévisser le bouchon de cuivre. Les joints cimentés par une pourriture noirâtre résistaient à tous mes efforts. Ce tube de caoutchouc datait de la Genèse ! J'aurais dû m'en douter à voir son extrémité s'agiter entre mes mains comme une tête de vipère !

Soudain je me souvins du canif à manche d'argent qui ne me quittait jamais, cadeau d'Élodie aux débuts de notre rencontre, pour conjurer, m'avait-elle dit, les dissensions qui auraient pu surgir entre nous. Ce me fut un jeu de trancher le tuyau au plus près de sa fermeture. L'eau jaillit en un jet puissant et qui semblait inépuisable.

— L'eau de la vie ! cria de nouveau Élodie, en me regardant cette fois avec une confiance qui me bouleversa.

Je posai à terre, tournée vers l'étang, la source providentielle. Aussitôt, comme par miracle, elle se transformait en cascade, puis en torrent. Nos jambes baignaient déjà dans l'eau. Nous ébrouant dans cette onde irréelle nous en faisions jaillir mille éclats. L'étang se remplit si vite que bientôt, perdant pieds, nous nous élancions, nus, dans l'élément liquide sourdant à présent de toutes parts.

La déclivité du terrain était plus importante que je ne l'avais imaginée et son étendue, que m'avaient cachée les arbres, beaucoup plus vaste. En plongeant nous nagions côte à côte à des profondeurs insoupçonnées, par des détours imprévus, descendant, tournoyant, remontant, sans souci de reprendre souffle. L'eau qui nous entourait de mille rayons pareils à de hauts porches de cristal, au lieu de nous couper la respiration, nous imprégnait corps et âme d'une fraîcheur vivifiante. Cette sensation était si réelle qu'il me fallut bientôt admettre que nous ne nagions plus dans l'eau de la terre mais bien dans l'azur éthéré, je veux dire en plein ciel. Autour de nous étincelait et ruisselait en mille bulles la lumière d'un firmament radieux où sans contrainte nous évoluions avec un plaisir proche du délire.

— Regarde, regarde ! me disait Élodie en me désignant la campagne loin en dessous.

Et j'apercevais, rapetissée, mais dessinée comme une image dans ses moindres détails, la demeure de la prairie, ses habitants pareils à des insectes sur la pelouse, et tous les petits hameaux environnants.

—Tu te souviens, me dit alors Élodie, comme si encore de longues années s'étaient écoulées, quand nous parcourions chambres et salons sans y avoir été invités, au milieu de cette foule qui n'est plus là-bas qu'une agitation de fourmis, tu te souviens ? Comme moi tu avais reconnu, quand nous allions d'un groupe à l'autre, nos vieux et chers amis : Madeleine, André,

Jeanne, Annie, et puis Claude et puis Sylvie, et Joëlle et Jacqueline ? Tous étaient là, mais étonnamment transformés, tels que je les avais vus sur des photographies de leur jeunesse.

— Non, lui répondis-je, dans l'espoir de lui cacher la réalité, non, je ne me souviens plus...

— Le plus étrange, reprenait-elle, c'est qu'aucun d'eux ne me reconnaissait. J'avais beau aller de l'un à l'autre, tendre la main, ou la joue, ou la bouche, ils tournaient tous la tête, comme s'ils ne m'avaient jamais vue.

Élodie se tut. Nos corps se mouvaient avec allégresse, portés par les vagues impalpables à travers l'architecture lumineuse d'un nouveau matin.

— Comment auraient-ils pu te reconnaître, répondis-je après un moment de silence, puisque DANS CE TEMPS-LA, ils ne te connaissaient pas encore.

— Tu veux dire que je n'étais pas encore née ?

J'allais répliquer :

— Ou que tu n'étais pas encore...

Mais je m'aperçus à ce moment-là que j'étais seul. Élodie avait disparu ! Quel tourbillon du néant s'emparant d'elle l'attirait irrésistiblement loin de moi ? J'avais dû prononcer le mot interdit qui plonge à jamais dans la malédiction : MORT. Quelle vanité recouvrait d'un mot ce qui resterait à jamais pour les hommes un mystère ! Qui dira ce qu'est la mort puisque nul ne peut le savoir ? Disparition de la vie, certes. D'une certaine vie, celle du corps, puisque les morts réapparaissent aux vivants dans les rêves et sont souvent présents dans leur mémoire. Ces pensées me venaient en un éclair aboutissant à cette conclusion : Puisque la mort est incertaine, je retrouverai Élodie. Mais c'est en vain que mes

regards affolés cherchaient de tous côtés à l'apercevoir !
J'éprouvai de nouveau la sensation de courants m'entraînant par des détours imprévisibles. Puis l'aspiration vers le haut prit les allures d'une *chute ascendante*. Et tandis que je m'élevais rapidement comme le nageur remonte des profondeurs, l'air où j'évoluais l'instant d'avant avec légèreté s'épaississait. J'allais perdre le souffle et la vie, dans cet élément redevenu liquide, lorsque, dans un éclaboussement d'écume autour de moi, je jaillis, comme catapulté, à la surface d'une mer inconnue. Mes poumons aussitôt se remplirent de l'air salubre que j'avais cru ne plus connaître. Allongé, je me laissai mollement porter par la houle. Un rivage n'était plus loin. Quand j'eus repris mes forces, je me dirigeai à larges brasses vers une grève déserte. Le ciel était noir et l'étendue des flots d'un vert phosphorescent. De grosses gouttes commençaient à tomber. Je me protégeai de l'orage au pied d'une falaise, dans une anfractuosité du roc. Longtemps je restai là, hébété, assis sur le sable parmi les débris qu'avait déposés la marée, écrasé par le poids de la solitude. Puis l'instinct de conservation quand la tempête se fut calmée me poussa à travers la campagne, vers les habitudes et les habitations des hommes.

●

Des années, des années passèrent, à la recherche d'Élodie, avec le poids retrouvé des obligations de chaque jour. Je parcourus de vastes contrées, j'explorai le monde. Longtemps je vécus dans des villes immenses, m'imaginant dans chaque passante, la reconnaître. Il m'arrivait, à cause d'une vague ressemblance, de m'attacher à quelque jeune femme. Mais après quelques mois, quelques jours même de vie commune, je voyais bien que je m'étais trompé, que celle-ci, ou celle-là n'était pas Élodie. Lorsque, contraint par la nécessité, je me fixais dans un lieu, il m'advint de rencontrer, souvent séparés par des frontières, certains de mes anciens amis, Madeleine, André, Jacqueline, Sylvie, Joelle, etc... Je leur demandais s'ils n'avaient pas par hasard, revu ma compagne perdue. Non, nul ne l'avait revue, nul même ne s'en souvenait. Certains hochaient là tête, me considérant comme un fou. D'autres me regardaient avec envie, comme si ma recherche insensée fut le meilleur but de notre existence.

Étais-je devenu stupide ? Comment ces jeunes gens, car tous étaient encore dans la fleur de leur âge, comment auraient-ils pu imaginer l'existence d'Élodie ? Pour eux, *elle n'était pas encore née*. Et pour moi, maintenant presque sexagénaire, vouloir la retrouver était un défi lancé au temps, au Roi et Seigneur Temps, qui régit nos destinées. Si elle allait et venait encore à la surface de la terre, elle devait être une petite vieille ridée. Comment pourrais-je moi-même la reconnaître ? J'en venais à me demander si ma vie antérieure n'avait pas été un rêve et si je n'étais pas depuis des années à la poursuite d'une ombre ou d'une image entrevue quelques secondes à travers les labyrinthes du sommeil.

●

Un jour que je me promenais dans la campagne, revenu au pays de mon enfance, je reconnus à la forme bizarre d'un clocher, l'un des hameaux qui entourait les prairies où résidait la demeure que j'avais autrefois visitée en compagnie d'Élodie. Mon cœur battait tandis que je parcourais les chemins et les sentiers verdoyants. On était au printemps et les primevères commençaient à écarquiller leurs doux et infatiguables regards sur les talus.

Au détour d'un chemin creux aboutissant à une large route récemment construite, j'aperçus la vieille bâtisse. Je la reconnus surtout par sa situation et les arbres dressant encore alentour leurs hautes silhouettes. Mais tout le paysage d'autrefois était bouleversé. Le ruisseau, serpentant jadis au creux des vallons, devenu canal rectiligne, longeait la nouvelle route pour aboutir à une pièce d'eau artificielle dont j'apercevais la surface d'azur brillant à l'horizon. Un promoteur devait avoir acheté la demeure ancienne pour la transformer en lucrative « résidence » à nombreux co-propriétaires. La maison romantique modernisée ressemblait à une caserne : supprimés les colonnes et le grand escalier de la façade, de nouveaux logements remplaçaient les « communs » du sous-sol. De chaque côté, des bâtiments construits dans le même but déformaient complètement l'ancienne harmonie. Une cour de terre battue et des terrains de sport remplaçaient la pelouse. Par les fenêtres multipliées, à certains balcons du linge séchait, à d'autres se penchaient des femmes à figures patibulaires. Une multitude de gamins partout s'égosillaient. Je me sentis bruquement exclu de ces lieux étrangers.

J'allais faire demi-tour quand je m'entendis appeler. Me retournant je vis Élodie, exactement telle qu'elle avait disparu depuis un nombre incalculable d'années. Elle se jeta dans mes bras et nous restâmes longtemps embrassés, moi doutant encore de ce miracle et comprenant aujourd'hui, en regardant ses yeux clairs, qu'un verre d'eau pouvait suffire pour remplir un océan asséché. Ma vie sans Élodie n'avait-elle pas été ce désert ? Elle reprenait notre conversation comme si nous ne nous étions jamais quittés.

— Mais toi, toi qui étais comme tous ces gens indifférents, avant de devenir mon seul ami, pourquoi m'as-tu tout de suite reconnue ?

— C'est que je te connaissais avant ta naissance... lui répondis-je en souriant.

Puis je l'entraînai vers le lac lointain. Les jeunes peupliers plantés au bord du canal frémissaient au souffle de l'air. Les longs cheveux d'Élodie flottaient derrière son visage dont le pur profil avançait comme une proue radieuse. Je ressentais pour elle un amour violent et chaste, que rien ne pourrait altérer, que rien ne pourrait corrompre, ni le temps, ni l'espace. Nous marchions main dans la main, le cœur gonflé de joie, à travers une campagne légèrement vallonnée dont le vert luisait piqueté de fleurs étincelantes. Trop longtemps nous avions été éloignés l'un de l'autre. Et voici que de nouveau nous étions ensemble. Mais cette fois nous avions acquis la certitude que rien jamais ne nous séparerait, ni la vie ni la mort. Pour toujours et à jamais Élodie m'accompagnerait dans la familiarité des choses sous la lumière du jour et dans les visions étranges de la nuit.

1985

DU MÊME AUTEUR

Romans, contes et récits

Mémoires de l'ombre (Gallimard, repris par Losfeld et Marabout).

L'Expérience de la Nuit (Gallimard).

Journal d'un mort (Gallimard, repris par Phébus).

L'Araignée d'eau et *Les Messagers Clandestins* (Belfond).

Contes du demi-sommeil (Fanlac, puis Belfond, et repris avec *La Pérégrination fantasque* par Phébus).

L'Aventure Impersonnelle (Losfeld, repris par Phébus).

Passage de la Bête (Belfond).

La Grande Marée (Belfond).

La poudre des songes (Belfond).

La mort à Benidorm (Fanlac).

Poèmes

Poèmes 1936-1960 (Le Pont Traversé).

Poèmes 1960-1980 (Le Pont Traversé).

Choix de poèmes précédé d'une étude par J.J. Khim (Seghers, collection *Poètes d'Aujourd'hui*).

Erreros (Fata Morgana).

Les cent meilleures pages de Marcel Béalu, préface de René Plantier (Belfond).

Théâtre

L'Homme Abîmé, 3 actes (Rougerie).

La dernière scène, 1 acte (Rougerie).

La femme en cage (Rougerie).

Essais et correspondance

Dernier visage de Max Jacob (Fanlac) repris par Les Éditions Ouvrières, augmenté de 220 lettres de M.J.).

Le Bien Rêver (Morel).

Anthologie de la Poésie Française depuis le Surréalisme (Éd. de Beaune).

Anthologie de la Poésie féminine française de 1900 à nos jours (Stock).

La Poésie érotique en France (Seghers).

Le Chapeau Magique, essai d'autobiographie. 3 volumes : *Enfances et Apprentissage — Porte ouverte sur la rue — Présent Définitif* (Belfond).

Correspondance René Guy Cadou — Marcel Béalu, 1941-1951 (Rougerie).

TABLE DES MATIÈRES

Le bruit du moulin.................................	7
L'enfant et le livre...............................	19
Le chant des palombes.......................	25
Dangecour	31
Le rat...	47
Les locataires du grenier.....................	55
Les deux Redersi.............................	65
Dindons savants..............................	75
La fleur qui chante..........................	81
La chatte des abysses........................	89
Défense d'entrer.............................	97
L'ange gardien...............................	103
Rose de Noël..................................	119
Le retour éternel.............................	125

DE CE LIVRE, ACHEVÉ D'IMPRIMER
LE 2 MAI 1986 SUR LES PRESSES
DE L'IMPRIMERIE DE LA MANUTENTION
A MAYENNE — FRANCE

IL A ÉTÉ TIRÉ 20 EXEMPLAIRES
SUR INGRES D'ARCHES, PLUS 4
HORS COMMERCE, COMPORTANT CHACUN
UNE ILLUSTRATION ORIGINALE DE
MARCEL BÉALU, ET 80 EXEMPLAIRES
SUR VERGÉ ÉDITION